文春文庫

あの世の話

佐藤愛子　江原啓之

文藝春秋

はじめに

今から二十五年前、丁度私が五十歳の時、私は北海道の浦河という町の丘の上に夏の間過す家を建てました。そしてその時から私の人生は思いもうけぬ方向に向うことになったのです。

その家で私が経験したいわゆる超常現象といわれる怪奇な現象は、やがて東京の家にも起り、旅先のホテルなどでも屢々《しばしば》悩まされるようになりました。そのため私は死後の世界、心霊についていやでも学ばなければならなくなったのです。これでもか、これでもわからんか、といわんばかりに次々起る現象を理解するために、その後の二十五年があったといっても過言ではありません。

この不思議な現象は死後の世界からのサインであることをまず教わったのが美輪明宏さんからです。その経験を「こんなふうに死にたい」という本にした時、それを読んだといって忽然《こつぜん》と私の前に現れたのが名古屋の小児科医で東洋医学を究められた鶴田光敏先生です。この鶴田氏の登場で行き詰っていた私の人生は開かれて行きました。鶴田氏によって日本心霊科学協会の監事である大西弘泰先生の指導を受け、それから江原啓之さんと出会いました。

江原さんは当時二十五歳か六歳くらい、霊能勉強中の初々しい若者でした。江原さんとのつき合いはもう十年近くなります。

十年の間にすっかりえらくなった江原さんに、今、ここで私は改めて教えを受けました。

「いやァ、教えだなんて、そんな……」

と照れる江原さんが目に見えますが、江原さんによる「あの世の話」をどうか熟読してあなたの死後の世界（そうしてこの世での生き方）に役立てて下さい。

平成十年

佐藤愛子

あの世の話＊目次

2章 「霊能者」に本音で聞きたかったこと——45

4章　大変な霊体験になぜ出合ったのか――121

あの世の話

1章　死んでからでは遅すぎる大事な話

臨死体験とは

佐藤　伺いたいことがいっぱいあるんで、どの順番でと思ったんですけど、特に最近では臨死体験というのも随分取りざたされているようですので、まずその臨死体験から入っていきましょうか。

私、思いますには、臨死体験の話を読みますと、大抵、花が咲き乱れて、とても気持ちのいい、きれいなところで川が流れている。それで、そこを歩いていくと身内の方が出てきて帰れと言うんで、引き返したという。

で、そういう話を聞くと、みんな、それと死後の世界というのと同じだと思いましてね、そんなに気持ちのいいところなら、死んでも怖くないわとか、死ぬのがひとところは怖いと思ってたけれども、もう、そういう気持ちがなくなったわとか言っている人がいるんだけれども、私はもしかしたら、その気持ちのいい美しいところは道中に過ぎない。扉の向こう側つまり死後の世界と道中とは違うんじゃないかっていうふうに思うんですよ。それは今、ちょっとごっちゃにして安心している人が多いんじゃないか、どうなんでしょうか?

江原　臨死体験の場合には、大体花が咲き乱れて美しい景色の中で天女がいて川があって、その向こうで人が待っているというような体験をする人と、あと、もう一つありましてね。

もう一つのほうは真っ暗やみの世界で、とにかく暗やみばかりが続く筒のような中に入っていると、そういう方と二種類に分かれるんですね。

その暗やみの中に行った人はこのような恐ろしいところは行きたくないと言

うんです。一方、美しいほうの世界に行った人たちはこれほど心地よいところはないと。

ですから、死というものは怖くないというような考えになってますけれども、実際には、その方自身の行くところがすべて違うということも言えるんです。つまり、行くところが違うということはどういうことかと言うと、いわゆるその人の心境いかんであるということが、皆さんにはまだわかっていない部分なんですね。

佐藤　その人の心境っていうのは、生き方ですか。

江原　そうです。宗教的な言い方になってしまうかもしれませんけれども、その方自身の生き方というのが死後の世界に大きく影響するということです。

佐藤　日本人が神仏を信じなくなって、死んだら無になると、私なんかでもかつては思っていたんですけどね。で、今でも知識階級の人は死後の世界を信じない人が多いんじゃないかしら。

それでも、一般の人の中ではひところよりは関心を持つ人が増えていますね。なぜなのかしら。

江原　今は、心の乱世だと思うんですね。ですから、そういった時代というのはやはり心霊現象だとか、精神世界のほうに随分日が向くようです。

佐藤　なるほどね。心の乱世ね。これはあまりにも豊かで何の抵抗もない世の中になったために、かえって頼りない気持ちになっているっていうことですね。

江原　そうです。ですから、精神世界を重んじるようになっているということだと思いますね。

佐藤　さっきの話にもどりますけど、美しいところをずっと行った人の中には川の向こうから帰れと言われて生き返ることがあるけれども、暗がりを行った人は皆そのまんま、暗い死後の世界へ入って行く？

江原　その美しい世界に行った方たちというのも、ずっと美しい世界にいるわけでもまたないんですけれどもね。とりあえずのお迎えの場所というだけのことに過ぎないんです。

佐藤　ああ、そうですわね。あくまで道中の話ですわね。

地獄と極楽

江原　ええ。で、実際には心霊研究をしておりまして言えることは、死後、よく一般的に四十九日までこの世界にいるなんて言いますよね。

それを細かく分けますと、私たちの心霊科学の世界では、いわゆるこの現世と、亡くなったばかりのときにいる世界を、もっと細かく幽現界という言い方をするんです。

幽界と現界の間である、幽現界というのがいわゆる四十九日までいられるという世界ですね。その次にくるのが幽界。そして、霊界というところ。

佐藤　その幽現界というのは、さっきの臨死体験のときの世界ですか？

江原　いいえ。それは超えて幽界の入り口まで行っているということになると思います。

その幽界も段階の世界ですから、いわゆる差別界なんですけれども、下層部、中層部、上層部というようなことで分かれていくそうなんです。

その入り口というのがいわゆる三途《さんず》の川があるような美しいところもあれば、そのまま暗やみのところというように、これは人それぞれ違うそうなんです。

そこから暗やみに行ってしまった人は、それからずっと暗やみの世界のほうへ続いていくらしいんです。明るい美しい景色のところへ行った方というのはそこからまた分けられていくのです。しかし、それほどそこが極楽ではないということです。

佐藤　極楽というのは霊界のことですか？

江原　そうです。私たちが言う極楽というのは霊界のことです。

佐藤　さっきおっしゃった三つに分かれている一番下の暗いところが地獄というわけですか。

江原　そうです。地獄という名称の場所はないんですけれども、それはどうしてかと言いますと、物質界ではないので、その方たちの心のあり方、想念でつくる世界です。

ですから、地獄界と言えるような場所は幽界の下層部というところにありますけれども、いわゆる地獄という場所があるわけではないそうです。

そして、その中層部のほうに上がっていきますと、ヨーロッパの人たちはサマーランドってよく言うんですけれども、常夏の国って言うんですね。そこが非常に極楽に近いような景色だと。そこは花が咲き乱れて、とても皆楽しく過ごしているところだと。

そこでは、物質の世界ではないので、お金を得る必要もないし、また食べる必要もない。

佐藤　それはらくでいいようだけれど、ちょっと退屈ですね。

江原　そこで、皆さんがそれぞれ、例えば、芸術活動の好きな方ならば絵を描いたり、音楽を奏でたりというようなことをして過ごしていくらしいんですけれども、ただただそのような生活だけをしていることに疑問を感じてくると、そこから次の段階への浄化があるということを言います。

肉体はどうなるか

佐藤　その音楽を奏でたりと言うけど……これは肉体はないわけですわね？　霊魂でしょう？

江原　ええ、難しいんですけれども、まず、人間の霊的構成ということからいきますと、まず私たちは肉体というものを持っていて、その上に幽体というものを持っています。そして、霊体、本体という、これをアストラル体という言い方をするんですけれども、そういう体を持っているんですね。霊衣、霊的な体を持っているんです。

まず、死んだときに肉体からそのエーテル体がすべて抜け出て、この肉体を捨てて出るわけです。

そして幽界、または幽現界にさまようわけですけれども、そのときにはいわゆる幽体という、この肉体と同じような体のようなものを持つんですね。しかしそれは物質的な体ではないんですけれども。

ですから、音楽を奏でるような想念を持てばそのようになる、ということだと思います。そしてその霊界というところに入るときには、その幽体をも捨てるという、第二の死というものがあるそうです。

もうそのときには自分の個性、要するに顔とかその雰囲気というものも要らなくなる。ですから魂だけになります。

佐藤 そして霊界へ行くんですね。その霊界へ行けるときというのは、何かやっぱりお許しが出て霊界へ行くんですか?

江原 それぞれの心境という言い方をします。霊格などと言いますけれども、その向上とともにあちらの世界の方たちの指導のもとに移っていく。または、再生を必要とする人は再生をしていくという。

佐藤 あちらの方たちとは?

江原 守護霊をはじめとした、霊界の高級霊の方のことです。

佐藤 再生というのは、この世に生まれかわることですね?

江原 はい、そうです。

佐藤 でも、それは自分の意志で生まれかわるわけじゃなくて……。

江原 根本的には自分の意志だそうです。

佐藤 自分の意志なんですか。

江原 はい。自分でいろいろな疑問、要するに幽界に入ったときに、この現世においての自分の行い、また生き方を問われて、そして反省させられるそうです。

佐藤　それはだれから問われるんですか？

江原　それは幽界の中での、そのような役割の方がいらっしゃるんだそうです。または、ご自身の背後霊と言われる方たちからもそのようにされるんだと思いますけれども。

佐藤　いわゆる閻魔《えんま》様ですね。

江原　そうです。そういう役目の方がいらっしゃるそうです。

佐藤　そこでいろいろ問われて反省してというわけですか。それが修行ということなんですね。

ところで幽界で三つのパートに分かれている、その真ん中がサマーランド、その上は？

江原　サマーランドの延長だと思います。ですから、サマーランドから上層部にかけては同じようなことですけれども、そこから心境をまた一つ上げて、要するに、日々、自分自身が同じことばかりをずっと続けてやっていくわけですよね。ものが欲しいにしても、音楽を奏でるにしても、要するに努力は要らないわけです。肉体ではないので、想念をすればすべてそれができる世界ですから。

そうしますと、今度は努力というものの重要性を魂で考えるんだそうです。そして、もう一度試練を味わってみたいと思う人たちは再生を考えるんだそうです。

主護霊・指導霊・支配霊

佐藤　それでは、それを考えない人は霊界へと行くわけですか?

幽界、霊界へ行っても、この世に生きているときに守ったり指導したりしてくれていた背後霊団と同じ背後霊がついているんでしょうか。

江原　はい。背後霊というのと守護霊というのは同義語なんですね。それは、守るという意味で総称されている言葉ですけど、その中をもっと細かく仕分けをしますと、主となる主護霊と、それから職業とか趣味をつかさどる指導霊、そしてその方の人生をコーディネートする支配霊というものと、そのように三つに分かれます。

そのほかにも霊魂は補助霊という形でいたりします。また面白いのが守護霊にもまた守護霊がいて、というふうにいくらでも人数はいるわけなんです。

佐藤　それは大抵の場合、ご先祖ですか？

江原　主護霊は先祖です。けれども、指導霊、支配霊に関しては、先祖でない可能性も十分にありますし、また人霊でない可能性もあります。

心霊科学で自然霊と言うんですけれども、自然霊というのはこの世に姿、肉体を持ったことのない霊魂ということです。それは竜神も自然霊ですし、天狗と言われるもの、そして狐と言われるものもすべて自然霊です。神も超最高級の自然霊と言えるんです。

佐藤　そうすると、狐や天狗に指導される場合もあると。

江原　大体は自然霊は支配霊となる可能性が高いです。指導霊の場合はやはり人霊であった人たちが多いです。

主となる主護霊は生まれる前から、また死後もずっとかわらずにいます。しかし、指導霊、支配霊はかわる場合が十分にあります。

佐藤　狐とか狸とかが支配霊になっているときはどうなるんですか？　それは悪いものではないんですか？

江原　ええ、高級な自然霊ですので、いわゆる狐つきになるような低級なものとは違います。ただ、その個性というのは非常に面白いぐらいにあらわれてきます。

例えば、高級な天狗霊がついている方であっても、この現世において非常に傲慢になりやすい要素があったり。いろいろと面白いパターンはありますけれども。

佐藤　なるほど、面白いですね。天狗になるって、傲慢になると天狗になったって言いますものね。

江原　ええ、ほんとうにそうです。ですから、現世の中でもわりと感情的な、感性と言うんでしょうか、それに乏しい感じの方がいる。同じものを見ても美しいと思えなかったりとか、ちょっと変わった方がたまにいらっしゃいます。そういった方はわりと天狗霊の作用を受けている方が多いですね。ただ、ついている方は高級霊ですから、全く問題はないんですが、その要素を持っているということですね。

で、狐霊系統の方はやはり生き方がせせこましいと言いますか、わりとずるい一面を持っていたりする方が多いですね。

佐藤　お金もうけが上手とかっていうこと。

江原　そうですね。そうとも言えると思いますけれども、個性というのはとてもよく出ます。竜神系統の人はわりときつい性格を持っていらっしゃる方が多いですね。

佐藤　自然霊。天狗に竜神に狐霊……。私は竜神じゃないでしょうかね。（笑）ほかにありますか？

江原　狸霊、蛇霊などがあります。しかし、蛇霊はもともとの人間の霊的構成としてつくことはないです。それは途中で憑依《ひょうい》をするなり、いわゆる因縁と言われてついているということはありますけれども。

佐藤　じゃ、悪いものですね。

江原　そうです。悪いものはもともと人間にはついてはきていません。しかし、これもまた断言しにくいことは、それぞれ霊界の事象というのは、私は私で勉強もしていますが、私の背後霊、いわゆる主護霊だとか指導霊から教わったことも多いのです。

ただ、その内容については私の主護霊、指導霊が歩んできた経験の中で言っているわけで、違う経験をしている霊はまた違うような言い方をする場合もあると思います。

佐藤　なるほど。それで、人によって違う意見を聞くことがあるんですね。それは守護霊の意見が違うということなんですね。

江原　そうです。やはり総称して守護霊とか背後霊ですね。その背後霊たちの歩んできた道の、要するに知っている経験の中での範囲でしか答えられないわけです。

佐藤　そうすると、経験豊富な背後霊がついている霊能者は非常によく当たるというか、そういうことですね。

江原　はい、よく知っていると。

佐藤　それじゃあ、経験が浅ければ間違っていることもありますでしょう？

江原　ええ、間違っていることもあると思います。ですから、例えば、再生、生まれかわるということ一つとっても、生まれかわることがあると言う霊能者もいれば、生まれかわることはないと言う霊能者もいるわけですね。

その場合には、その方についている霊だとかが再生の考えを持っていないということ、そのような現場に居合わせたことがないということなんです。

佐藤　やっぱり、限界があるわけですね。

江原　しかし、私の背後霊など、質問をしてわからないときは、私の守護霊のまた守護霊によく尋ねています。

ですから、私の背後霊を低く言うわけではありませんけれども、やはり神界と言われる神の部分に関しては答えられないことが多いですね。私自身も知らないと守護霊から言われます。

佐藤　九州のほうにいらっしゃる衛藤さんというご老人がお書きになったものを読むと、背後霊になって守る使命を持っている霊は、霊界ではあまり高いところじゃなくて、霊界の中では低いほうにおられる方だというふうにおっしゃってますけども。

江原　私の背後霊もよくそのように言います。なぜかと言うと、背後霊というのは私たちを導くということがやはり修行でございまして。

佐藤　背後霊自身も修行をしておられるということですか？

江原　そうです。ですから、私たちが、いわゆる与えられた使命を果たせるか否かが、また背後霊たちの修行が成功するか否かということになってくるんです。ですから、やはり同じ修行の身ということで、共同作業なんでしょうか。

佐藤　平気で罪を犯したりする人の背後霊はどうしてるんでしょうね？　自分の指導力の弱さを歎いているか、あるいは怒っているか、呆れて手を引いてしまうか……。

江原　どのような時でも背後霊たちは、呆れて手を引くということはありません。常に霊性向上の目覚めを導き、見守っています。

死後の世界を信じない人の背後霊は

佐藤　そうすると、無神論者とか死後の世界を信じないとかっていう人の背後霊はどうなっているんですか？

江原　死後の世界を信じない方でも、背後霊たちの与えられた使命をいかに導くかということでは成功している方たちもたくさんいらっしゃると思います。現実の生活の中で、お仕事だとか、暮らしの中で。

ただ、死後の世界を認められないということは、また後々に死後の世界においていろいろと不都合な点は出てくると思います。逆に言いますと、死後の世界を知っている方でも、この現世においてはなかなか修行がままならない方もいらっしゃるわけです。

佐藤　よく守護霊が守ってくださっているということをちゃんとわきまえて、日夜感謝をしていると、守護霊が強くなってますます守ってくださるようになるけれども、それを無視してそういうことを全然認めないでいると背後霊団が衰弱してしまって、そのうち、みんな離れて行ってしまうって聞きましたけれども、そういうことはあるんですか？

江原　全くないですね。もちろん、存在を知っているほうが背後霊にしてもうれしいと思うんです。

私たちだって同じですよね。生きている人間で、やはり自分たちが何かお世話をしてても、その存在をわかってくれているほうが私たちもうれしいという面はありますよね。

しかし、それは無償の愛ですから。何かのご供養をして、お供《そな》え物をしてくれたからたくさんやってあげるというようなことは全くないです。

佐藤　ヤキモキして、力が衰弱するということもないんですか？

江原　ないですね。ただ、今、雑誌だとかテレビとかで言っていることで、一番よくないなと思うのは、守護霊と魔法使いとをどうも混同してしまっているんじゃないかということです。

また霊能者もそうです。どうも自分の我欲をかなえてくれるのが守護霊や霊能者ではないかと思っている方が多いようなので、それは全く誤解なんですね。ですから、物事、日常の中で自分にとって悪いことが起きる、それはすべてにおいて悪いことかと言うと、守護霊のいわゆる導き、諭しであるということもよくあることですので。

親と同じ心境であるということです。子供のためにはときに転ばせたほうがいいと思う場合にはそのようにさせるようですし、何もかも願望をかなえることが背後霊の役割とは思っていないようです。

佐藤　私の背後さんはきびしい方なのかしら。七転び八起き以上に転ばされてきましたわ。転ばしても転ばしてもこたえないから、向こうも意地になったのかな。

不幸な経験も守護霊の導きか

佐藤　支配霊とか指導霊とか同士で何か相談するとか、そういうことはありますか？

江原　あります。結婚だとかもそうですし。結婚の場合にはまず人間界よりも霊界のほうで結婚ということを決めてから現実の世界でそうなっていきます。お互いの守護霊同士が共同に修行をしていくか否かを協議するわけです。

佐藤　でも、結婚してもこのごろ離婚が多くて、私なんかも二回とも結婚に失敗しているんだけど、それも霊界でやっぱり決められたことなんですか？

江原　そこがやはり現世の図りと霊界の図りの違うところで、やはりそれをも自分の守る子供、よく子供と言いますけれども、背後霊たちは、子供にとってよいことと思うならばするようです。

佐藤　よいことっていうのは、つまり結婚が失敗することがその人の人生にとってよいことであると。

江原　はい。背後霊というものは、物質とか名誉とか、そういったものに一切関心がないです。その方の心境にしか感心を示さないのです。ですから、病に倒れようと、またはいろんな困難にぶち当たろうとも、それを克服して非常に高い心境を得るということが一番の目的になっているわけです。

佐藤　そうすると、霊界で最初にA子とB一を結婚させようというふうに決まったとしますでしょ、それが破綻《はたん》したというのは、決めたときにわかっているんですか、あちらじゃ。これは苦労するだろうけども、一応、修行のために一緒にならせようということなんでしょうか。

江原　二通りあると思います。それをもわかっている場合もあれば、やはりそこを努力で何とか乗り越えるようにと思っている方もいらっしゃると思うんですね、その霊のほうで。しかし、その修行がうまくいかなかったと。修行が成功しなかったと思う場合もあれば、すべて先まで読まれている場合もあると思います。

佐藤　こちらのほうが向こうの読みのとおりにいかないということもあるでしょうね。

江原　あると思いますね。ですから、「主護霊は生涯」と言いまして、生まれる以前から死後の世界も一緒なんですけれども、指導霊、支配霊というのはそうではないんです。ですから、自分の心境に合った霊がよくつくわけです、もちろん高級霊ですけれどもね。

ですから、自分の心境が高くなれば、指導霊だとかがまた高い霊にかわっていくと。また下がれば、涙ながらに低い霊とかわるという言い方をします。

佐藤　涙ながらねえ。なんだか子別れの悲劇みたいですねえ。

自分の霊はいつ、つくのか

佐藤　向こうの世界もなかなか忙しいですね。赤ちゃんが生まれたときに霊団がつくわけですか?

江原　いいえ、再生を決めた時点です。再生というものを決めた時点で霊界のほうで協議されて。

佐藤　まだ生まれてないのに。

江原　そうです。それで、どの家庭の中に降りるかとか、そのようなことをすべて決めるわけです。また、その家庭の先祖霊と言われる人たちもそこで絡んでくるわけです。誰々が担当しようということを決めて、この現世に降りてくるんですけど、そのときはこの現世の世界とは違って、向こうは涙ながらに別れるんだそうです。つらいつらい修行に出るんだということで涙ながらに出る。

佐藤　この世に来る、生まれるということは、めでたくないんですね。

江原　そうです。こちらの現世の人たちは赤ちゃんができるということで大いに喜んでいるんですが、全く反対なんです。死ぬときも臨終でこちらはわんわんと泣いていて悲しんでいても、向こうから迎えに来る人たちは非常ににこやかによく帰ってきたというふうに迎えるんだそうです。

霊界の人たちに言わせれば、こちらのほうが死後の世界だそうです。向こうのほうが生の世界だということを言っています。

2章　「霊能者」に本音で聞きたかったこと

霊能者はどう生まれるか

佐藤　今までのお話は、江原さんはどなたにお聞きになったんですか？

江原　私も私の親の死を通していろいろと見た面もありますし、あとは私の背後霊に教わったということが大きいです。

佐藤　そうすると、現実に先生という方がいらして、その先生からいろいろレクチャーを受けたということじゃなくて。

江原　そのような面もあります。そこで照らし合わせて統計をとって言っています、私の場合は。ですから、私の背後霊も知らないこともたくさん教わりました。

佐藤　背後霊とはどういうふうにして会話を交わされるんですか？　一番最初はどんな形で背後霊が登場なさったんですか？

江原　私の場合は霊能的なことというのは、もう四つぐらいのときからありまして、いわゆるオーラというものが非常によく見えていまして、小学校時代だとかは大変苦労しました。

佐藤　オーラが見えるって、どんなふうに見えるのかしら。

江原　教室で、私は背は高いほうでしたので後ろのほうになったんですが、黒板が見えないんですね、前にいる子供たちのオーラがあまりにも大き過ぎて。ことに体操の後などは非常に元気なオーラを発するものですから、黒板が見えなくて困りました。

そのうちに私自身がいろんな心霊現象を通して、あとは私の家族だとかにもおかしな子だというようなことを言われ始めたんですけれども、ほんとうに守護霊というものに出会ったのは十八ぐらいのことです。さまざまな心霊現象に出会いまして、それはそれは大変でした。

ポルターガイスト的なこともありましたし、霊視というものが非常にできましたので。

佐藤　初め、オーラで黒板が見えないときは目が悪いとお思いになったんじゃありません？

江原　はい、思いました。それで、私は自分の担任の教師にそれを告げて、いわゆる保健室送りになった。

医師の診断も受けましたけれども、私は視力がいいものですから戻されて、黒板の反射ではないかというようなことで、教室のカーテンを閉めてくださったんですね。そうしましたらば、暗い中ですから、余計集中力が増してますますオーラが強くなってしまった。

それでも私は見えない、見えないということを言いましたらば、親が学校に呼び出されまして、愛情が足りないのではないかというようなおしかりをよく受けたようですけれども。

佐藤　それじゃ、ご両親はそれをどういうふうに理解なさったんですか？

江原　私のことはもともと変わっている子だというふうに思っていたせいか、私をとがめはしませんでした。

私は四つのときに自分の父親が死にましたけれども、その三日前に父親が死ぬということを周りに告げていたりしましたので、やはりそれがきっかけで親戚一同におかしい子だというふうに言われていました。

母などもそれを知っておりましたので、心を痛めてたでしょうけれども、それはもともとの素質なのではないかということで、私をとがめたりはしませんでした。

佐藤　じゃ、霊能ということについての理解はおありになったんですね。よかったですねえ。

江原　ほんとうにあったかどうかは別ですけど、やはりわが子がかわいかったんじゃないでしょうか。異常として見るということはしなかったです。私の姉もやはり少し霊能があったものですから。

佐藤　で、ご両親はおありになった。

江原　霊能はなかったです。ただ、私の祖母と言われる人がやはり霊能があったほうです。

佐藤　それじゃ、ご両親も少しは、なれていらっしゃるわけですわね。じゃ、お祖母さんの血を引いたんだろうということに。

江原　いや、でも相当苦しんだようですけども。幼稚園ぐらいのときは真っ黒な太陽を描いたり、すべてがゆがんだ異次元的な絵を描いたり、おかしな絵を描いて呼び出されるとか、とにかく呼び出されることが多かったようですから。

佐藤　それで、そのときは自分じゃ何だと思ってらしたんですか？

江原　そのときに初めてわかったのは、私にしか見えないんだということに気がつきました。
　ほかの方たちにもそのような病気があったりとか、もしくは皆さんにも見えているんじゃないかと思っていましたんで、そのときに初めて自分にしか見えないということを自覚しました。

佐藤　じゃ、自分は変なんじゃないかという心配は？

江原　思いました。しかし、それをだれに言うこともなく、私の母や姉には話したりしましたけれども、あまり外で言うものじゃないと言われて、それから私自身あまり言わなくなりました。

佐藤　心配なさったでしょうね。

江原　ええ。でも、常にというわけではありませんから。特に集中しているときなどはそうでした。

霊能者が幼いころ見るもの

佐藤　オーラが見える以外にどんなことがありましたか？

江原　私は生まれたのが下町なものですから、隅田川にしても荒川にしても大きな川があるんですけれども、そのような川に行けば、手がたくさん無数に出てきましてね。

佐藤　川面から。

江原　はい。私自身はあまりにも恐ろしいんで走って逃げて帰るなんていうこともありましたし、学校の登下校のときには必ず防空ずきんをかぶった母と子が通り過ぎていくということもありました。やはり、だんだんうちにこもるようになってしまいますね。

ただ、子供のときによく虫だとか蛇だとかをさわれるのと同じで、生まれたときからそうであると、意外と不思議と思わないと言いますか、そのころは怖いという気持ちはあまりなかったですね。

佐藤　でも、人に見えないものが自分に見えるのは、頭がおかしくなっているんじゃないかと。

江原　四つぐらいからですから、頭がおかしいということすらあんまり考えなかったですね。ただ、その後のことが問題でして、中学、高校あたりと、霊能がとても薄れましてね。ほとんどなくなったに近いような状態だったんです。それで、私も喜ぶということもなかったですけれども、普通に学生時代を過ごしていて、大学に入ってからまた強く、急に増してきてしまったものですから、そのときはとても恐ろしい思いをしました。

霊能力は遺伝するか

佐藤　それは何かきっかけがあるんですか？

江原　全くなかったです。

佐藤　自然にですか。

江原　はい。今思えば、実は、母にも霊能があったのではないかと思うんですね。私の母も残念ながら十五の年になくなったんです。で、そのときに死ぬ間際に、私におかしな言葉を随分残していったんです。

その内容は、おまえ自身は十八までは普通に過ごせるだろう、十八を超えてからさまざまなことが起きる、それを乗り越えなければならないよということを言い残して、もっと細かくですけれども、言って死んでいきました。

死ぬときも母の声がしましたので、私はすぐ病院へ行って、それから息を引き取ったという、いわゆる死に目に合わせたということもいたしましたし。ですから、実は私の母も霊能があったのではないか。それをただ表に出さなかったのではないかと思うんです。それで、確かに私、十八の年からおかしくなりました。いろんな現象が起きました。

佐藤　じゃ、そのときはお母さまの言葉を思い出されたでしょう。

江原　思い出しました。私はずっと、その十八でいったい何が起こるんだろうかということを考えていました。

十八からさまざまなことが起きる、さまざまなことが起きながら人もみな見放していくだろう、私のようにおまえのことを心配する者はいない。ほかの者に全く理解はしてもらえないだろう。そこをだれも頼らずに自分自身で乗り越えていかなければいけないと言われたんです。

実際に心霊現象がたくさん起きて、私のことを理解してくれる人はもちろんだれもいなかったです。
ですから、非常に孤独な思いもしましたし、大変に苦しみました。それで、このことだったんだなということがよくわかりました。

佐藤　これが霊能であるからには、もう逃げてもしようがないんだと、否定できない、受け容れようというふうにはお思いになった。

江原　いいえ、それは思いませんでした。私は大学時代に家で心霊現象がさまざま起きるんですね。

佐藤　どんな現象ですか？

江原　まず、最初は予知的な現象でして、私は下宿をしていまして、友人と同居していたんですね。あるとき、私がちょうど入浴中に、たまたま電話がかかってきて、同居の友人が、江原は今入浴しておりますと、ですからまた後でかけてくださいということを言っているのがわかったんです。

佐藤　お友達が？

江原　ええ、そうです。それで、私がドアを開けて、今だれから電話だったのかと聞いたら、だれからも電話がないと友人が言うんですね。すると、すぐその後に電話がかかってきて友人が全く同じように答えたんです。

それはまあ、恐ろしい体験というより、一つの予知的な能力だったんですけれども。

その後に、それがきっかけで散々な目に遭いましたけれども。夜中に私がたまたま寝つかれずに部屋にいて、友人の部屋に明かりがついていたので、ふすま越しに、寝られないのかと思って声をかけたわけです。そうしましたら、随分話しかけてくるんですね、向こうも。

佐藤　お友達が？

江原　ええ。で、返事をして、くすくす笑うんです。ふざけてまた私を驚かせようと思ったんだと思ってふすまを私はたたいたんです、二回。そうしましたら向こうも二回たたいたんですね。

私も冗談はやめなさいということで、そのふすまを開けたらば、部屋の中が真っ暗で、友人は部屋の奥のほうで寝ているわけです。ふすまをたたくには、手も届かないようなところで。そのようなことがきっかけで私たちはそこを引っ越すことにしたんです。

佐藤　それはお友達の声だったんですか？

江原　今思えば違ったんでしょうね。霊の声だったんだと思います。でも、私はそのときは友人の声だと思って話をしていましたけれども。

佐藤　じゃ、霊は声も出すんですね。

江原　ですから、それは私のほんとうの耳で聞こえた言葉ではないのかもしれません。いわゆる霊的な声だったのかもしれません。

そこで越しまして、次のアパートは今度は一人で住んだんですが、夜中にばたばたすごい音がするんですね。これはまた心霊現象じゃなければいいがと思いましたが、翌日朝起きて何でもなかったんです。

ですから、ああよかった、何もなかったと思って、たまたま、ふと寝転がって天井を見ましたら、天井に手跡がいっぱいついてるんですね。その前日までは越してきたばっかりで手跡なんかなかったんです。

佐藤　黒い手跡。

江原　そうです。油が染みたような手跡でした。男のぐらいの大きさですね。そのような手跡がついている、ああこのことだったんだと思って。私はそのようなことを繰り返して四回越しました、一年のうちに。

佐藤　それは何だったんでしょう？　何か報らせたかったんですかね。

江原　今にして思えば、どの心霊現象も、私が心霊世界に目覚め、霊能者（スピリチュアルカウンセラー）として生きるためのカリキュラムだったのでしょうね。

佐藤　どこへ行ってもそういう……。

江原　はい、起きました。で、それまで自分に原因があると思わなかったんです。自分はそういう体質はあるとは思いましたけれども、場所が悪いんだと。何かにつかれてしまったと。

佐藤　それは場所じゃなかったんですか？

江原　後で私の師に聞いた話によると、どうも私自身が呼び込んだらしいです。そのようなことを繰り返して、最後に行き当たったアパートで、私はある朝、目が覚めて、覚めているけれども、目を閉じたままなんですね。それもベッドが揺れて起こされたんです。起こされて、ああ、もう朝だなというのを感じていましたらば、しゃぼん玉のようなものが目の前に浮いているんです。行き交っているんですね。

そのときに下に小さな人たち、人なんですけれども、小さいんです。それがうじゃうじゃと走り回っているんです。

佐藤　それは空中ですか？

江原　空中と言いますか……。

佐藤　しゃぼん玉の上ですか？

江原　いいえ、しゃぼん玉が行き交う下なんですけれども、外のような景色で、真っ暗やみなんですけれども、一つの空間に小さな人たちが走り回ってうごめいているんです。

その奥にちょうど紫の蛍光色と言うんでしょうか、そういう色のまるで地蔵のような形に見えるんですけど、要するに顔形というよりも光だけなんです。それが向こうから近づいてきて、私に、おまえがこれから仕事をすることは、要するにこのような現状をいかにするかということだということだけ言い残して、すっと去っていってしまったんですね。

佐藤　声だけですか？

江原　そうです。声です。それも大変に荘厳な声でした。私は全く意味も何もわかりませんでした。私はただ今の現状は何かに取りつかれているようだと思いまして、さまざまな霊能者を回りました。私自身についているものをとってほしいと。

私は子供のときからそれに悩まされている。ですからとってほしいということで回りましたけれども、あまりいい霊能者には出会いませんでした。

なぜ霊能者になったのか

佐藤　何と言われました？

江原　大体二、三分程度で、要するに先祖の供養をしなさいと。あるいは前もって受付の人が私に家庭の状況とかを聞きに来るんですね。それで、行きますとあなたのお母さんがたたっていますとか、そういったことを言われたり。まあ、十人ほど回りました。有名とされているような方たちのところへ。

でも、いい答えが出るも何も、まともに会話をしてくださってないです。そういうような状況の中で、最後に行き当たったのが私の師匠の寺坂多枝子先生。

そこへ行きましたときに、私には何もついてないと。それはあなたのもともと持っている素質だと。

これを消すことはできない。ただできることは、今、あなたのレベルが低いから低いレベルのものだけを相手にしなきゃならない。だから自分が呼び込んでいる。もしそれが嫌ならば高い霊能を持って、要するに心境を上げていきなさいと。

そうすれば高い事象のみ相手をして生きていける。そのように言われてから私はもう、自分が楽になるためには霊能開発をしなければならないと思うようになりました。

しかし、その寺坂先生の言葉をうのみにするというよりも、私はそのときに招霊実験という、要するに霊を呼ぶという実験で、私の父や母と再会させていただきましたし、その中でも私にしかわからない言葉だとか、要するに証明される、証拠となることが山ほど出ましたので、私はそのときに初めて寺坂多枝子女史を信じました。

佐藤　それは寺坂先生が霊媒になって？

江原　そうです。で、それを信じましたのと、死後の世界があるということを確信しました。

佐藤　そうすると、さっきのうじゃうじゃいるっていうのは、何だったんでしょう。

江原　それがわかったのは、ほんとうに寺坂女史に会ってから以降のことで、寺坂多枝子先生にお話ししたらば、それはあなたが霊能者となる道を選ぶということを言われているんだということを、そのときに言われました。

私はそのようなことを全く考えたことがなかったものですから、私自身もそれをほんとうの意味で感じとれるようになるには、ほんとうに時間がかかりました。決心がつくまで。

霊は何をどのように教えてくれるのか

佐藤　だけど、もっとわかりやすく率直に言ってもらえば、そんな苦労もしないで済むのに、しゃぼん玉の下で何かぐちゃぐちゃいっぱい人がいるっていうのは何を象徴しているのか、これは困りますわね。言いたいことはハッキリ言ってもらいたいですよね。

江原　困ります。霊視というのは、大体がそのようにあいまいなものでして。

佐藤　なぜなんでしょうね？　やっぱり、向こうの世界と違うからですか？

江原　ええ、私なんか特にそうですが、重い肉体というものを持っておりますので、やはり、そういった意味では感度が悪くなるわけですよね。ですから、もっとほんとうは細かくも伝えたいんでしょうけれども、そうもいかない。

また、それだけでなく、私はよく背後霊に言うんですけれども、もっと私のことも答えてほしいと。そうすると、おまえの人生だと。で、それほど細かく言ったところでおまえはほんとうにそれを信じられるのかと。
自分の中で苦しんでいって、そのヒントにきっと気づくときが来るっていうことをよくおっしゃるんですね。ですから、私に考えさせたということもあったんだと思いますけれども。

佐藤　なるほど。そうすると、背後霊に何かをお尋ねになるときは、事前に何か祈るとか、何か儀式みたいなものがあるんですか？　それとも何もしないでいきなり話しかける、心の中で。

江原　はい、そうですね。それまでには大変時間がかかりました。やはり背後霊と心を一つにするという作業をしなければならない。
それにはまず、大切なことは常に背後霊に話しかけるということですね。その作業をずっとしていかなきゃいけないし、今では私がこう話しているときでも言葉を差し挟んだりもしますし。

佐藤　今でも？

江原　はい、します。

佐藤　今も何か挟まれましたか？　何とおっしゃいました？

江原　はい。先ほど、魔法使いと霊能者と背後霊は違うということ、それを言わなきゃいけないというふうに言いました。守護霊というのを混同していると。それは言わないと要するに人様のためにならないと。生きている人たちが心霊を理解するところで、ほんとうの意味合いを知らなきゃいけないと。

ですから思い出したかのように言いだすんですけど。かと言って聞きたいときに何でも答えてくれるわけでもないのがまたやっかいなんです。

佐藤　では、伺えば必ず何か答えは出てくるというのではなく沈黙しておられることもあるんですか？

江原　あります。特に、人様からご相談を伺ったときなど、内容的に大したことがないというときが。ましてや我欲にかかわることだったりする場合には後ろを向かれてしまうとか、そういうこともよく霊視の中であります。

佐藤　それは見えるんですか、お姿も？

江原　はい。働きかけると後ろを向いてしまいます。後ろ姿も見えます。

本当の霊能者の修行とは

佐藤　そういうふうになるまでにいろいろご修行をなさったんですね。

江原　はい。やはり霊能開発と言われる、いわゆる精神統一だとか、私の場合は滝行などの肉体的な行も随分しました。宗教的な行もしましたし。

佐藤　その滝行っていうのは、真言密教ですか？

江原　そうです。私は一度、心霊の道ということで修行をしようと思ったときに、私の師から、私の背後霊自身がいわゆる修験道の行者で、滝行を非常に好んでなさった方だから、あとを追ってやってみたらどうかと言われまして、私も修験道のほうに入りまして滝行もしましたし、火渡りもしましたし、いわゆる読経だとかいろんなこともいたしました。

佐藤　それは大学をお出になってからですか？

江原　いいえ、私、そのような心霊現象の中で大学に行けない状態になってしまったんです。ですから、中退いたしました。

心霊現象があまりにも多くて、私自身が家から出られないような状態でした。日々寝込んでしまって。

佐藤　そういうのはやっぱり選ばれた方だということですわね。一つの使命を与えられていると。

江原　はい、私は使命というよりも、これも一つの因縁だなと思います。自分自身のカルマという言い方をしますけれども、業《ごう》という、それなんだなというふうに思っております。

ただ、私は霊能を持っている者が特別だとは全く思ってません。それこそ芸術家だとか、先生のような方とか、皆さんそれぞれに天職と言いましょうか、お持ちでいらっしゃるわけですから。

それの一端に過ぎない、一つの道に過ぎないと思っています。それがたまま人様に理解されない道だというだけのことだと思っております。

佐藤　人を救うとかね、導くとかっていう使命を与えられてそういう力を持たされたんじゃないんでしょうかね。

江原　それは難しいですね。もしかしたらば、前世において散々人に対して悪行をなしたのかもしれませんし。

霊感と霊能力の違い

佐藤　そして、その修行をなさって、滝行をしたり、いろいろしたりのうちにだんだん声が聞こえてきたり、お姿が見えるようになったわけですか？

江原　はい、そうです。それも非常に具体的にわかるようになりました。霊能というのと霊感というのは、全く違うものであると。見えるとか聞こえるというのは霊感である。

その見えたもの聞こえたものをいかに解釈して、いかに施せるかというのが霊能力となるということなんです。ですから、私は霊感から始めて修行によって霊能力に変えたんだと思います。

佐藤　霊感が少しあるというような人はわりにたくさんいらっしゃいますね。

江原　はい。心霊科学のほうでも、人は大体十五パーセントほどの霊能は持っている。霊能者といえどもそれは六十パーセントから八十パーセントぐらいに過ぎないと。すべてがわかるようであれば神になってしまうと言いますから。

佐藤　よく霊媒体質ということを言うじゃありませんか。だから、私なんか霊媒体質だから、ちょっといろんな目に遭う、ホテルへ行ったら部屋の天井が鳴り出すというようなことがよくありますしね。

だけども、何もそういう経験をしたことのない方もいらっしゃいますでしょう。そういう人はもう体質的に全く違うものなんですね。霊を感じるとか霊感というものは、全く、生まれたときから持ち合わせがないという。

江原　そうですね。持ち合わせがないと言いますか、眠っていると言いますか。

面白いことに霊媒の体質、憑依《ひょうい》体質の方というのはわりとその家の跡継ぎ、もしくは長男、長女に多いですね。

それは統計的に見まして、不思議なことですけれども、やはり、その家のことを継いでいただきたい、もしくは何かを感じとってほしいという心が強く働いているのではないかなと思うんです。

霊媒体質を持った者の使命

佐藤　でも私なんか、一番末ですけどね。

江原　しかし、継ぐような形になっていると思うんです。やはり、佐藤家において重要な役割を占めているからそのような体質で。やっぱり体質も使命だと思います。

佐藤　そういう体質を与えられたということですか？

江原　私はそう思うんですが。ですから、それが病気のような形で出る方もいます。霊を直接見るとか感じるということではなくて、病気に長年悩まされるとか、そういった方もいらっしゃいます。

それも一つはその方の病というのが非常にその家の因縁的なものを浄化させようとする働きがある。

佐藤 病気になることによって浄化するんですか。苦しむことによって。

江原 はい。ですから、ほんとうはそこで苦しむ前にすべてがわかればいいんですけれども。

佐藤 でも、その人の責任じゃないですわね。

江原 しかし、先祖のことはやはり自分の責任でありまして、また、前世も同じなんですが、これをグループ・ソウルという言い方、類魂という言い方をするんですけれども、やはり、連帯、団体の責任であると。

要するに、一端を担っているわけです。ですから、先祖のことであろうとも、前世のことであろうとも自分のことである。

佐藤 寺坂先生によって霊能者としての道を踏み出されたということになりま

すわね。寺坂先生にお会いになって以後何年ぐらい……。

江原　十五、六年ですか。ほんとうに心霊的な部分で、ある程度人様とお話をさせていただくようになったのは、始めてから三年くらい経ってからです。それより前はやはり自分自身の修行の部分が強いですから。

仏教的なこともやりましたし、また、私は神道の修行もしまして、神主にもなって、神主として働いておりました。それも、私がなりたいと思ってなったわけではなくて、それは師からの勧めで、やはり現世の中で生きていくには霊能者という肩書ではいけないと。それではやはり信用がないと。

ですからあなたは神主という資格を取って生きなさいということで、私は神主の資格を取ったりしました。

どうすれば霊の浄化はできるのか

佐藤　憑依しているのをテレビなんか見ていますと、織田無道さんっておっしゃる方なんかが、あれはお経ですかね。お経の力で霊をとるっていうのか、成仏させるというんですか。

あれで成仏するんですか？　あのときにさめざめ泣いたりなんかして、ついている霊が。

江原　とても難しいですが、批判するような気持ちは私には全くないんですが、お経だけでは霊は浄化しません。

ただ、あそこで霊というのが人間でないような扱いになってしまうんですね。お経を読めば浄化するとか理解してくれるとか。または追い払うとか。

生きている人間であったら、いろんな人間がいてもよほどのことがなければ追い払うことはしませんよね。ですから、どうしても霊魂というものを、人間ではないという扱いにしているのではないかなと思ってしまうんですけれども。やはり、私の背後霊がよく言いますのは、お経にはお経の力があると。ですから、それはやらないよりはやったほうがいい。しかし、やはり霊魂であっても人間であると。

ですから言葉で諭しなさい、心でもって、言葉で諭しなさいということをよく言います。同じ人間であるから必ず理解してくれる。

佐藤　憑かれている人は何ものが自分についているかということはわかりませんわね。それで、ああいう形で何か急に泣き始めて過去のことをしゃべり始めたりなんかして、初めてどういう人がついているかということがわかるわけでしょう。それがわかるのは、どういう順序で出てくるんでしょうね？　泣き出したりするのは。

江原　織田さんの場合はどうかわかりませんけれども、私は、例えばあのように浄霊とか除霊とかっていうようなことをしなくても、その前にやはり背後霊からビジュアルな形だとか、または声で教えていただけますので。

今の霊能者においては、やはりここはしっかりしなきゃいけないと思うんですけれども、根拠と言うんでしょうか、霊がついた根拠というもの、またその証明と言うんでしょうか、それをしないといけませんね。

ただ、やたらとついているとか、こういう因縁があるとかいうのではなくて、これこれこういう人がいて、こういう事件の流れがあって、そしてその思いが今このようにしているという根拠をしっかり出さないといけないと思うんです。それでないと、やはり理解は示されないと思うんです。でも、その辺はやはり細かく霊査という形で背後霊が声を出してくれます。それは必ずその方にも思い当たることだとか証拠になることがあるはずなんです。

佐藤　背後霊が出してくれるというのは、その人の背後霊がしゃべるんですか？

江原　私の場合は私の背後霊がその方の背後霊と話し合って私に教えてくれます。そのときに何々という名前の人がいて、その人がこのような事件を起こしたと。それによってこのように泣いたこともあるし、いろんな人が泣かされたりもしたし、そのような思いがこのようになっていると、だから、こうなった。

例えば、私の父のことで申し上げますと、父が死んだ原因というのは、いわゆる霊的な原因なんですけれども、それは私の先祖の中に御殿医がいたんだそうなんです。それがある上の方の命によって毒を盛らされて、それで殺してしまったということですね。

佐藤　殺した人がご先祖なんですね。

江原　要するに殿様の命令によってほかの人を毒殺したと。その原因が一つの因縁となって残って、恨みの念を買ってしまった。

私の父親は実は薬品会社で死んでいるんですけど、その自分自身の罪悪と言うんでしょうか、その念が原因になっている。薬の会社で薬害で死んだんです。それは非常に納得できるような根拠というのが出てくる。

ですから、そういうようなことをやはり霊能者は示してあげないといけないと思います。その納得の上でやはり浄霊ということをするんでしょうけれど。ただ、霊査をせずにしてやって涙が出るというのが、その憑依している霊魂の感情があらわれるということがあると思いますけれども。そこで聞き出していくのも一つのやり方です。

もしも霊にとり憑かれたら

佐藤　そのときに事情も聞かないで追い払うというやり方もありますわね。

江原　ありますけれども、私や私の背後霊はそれはあんまり賛成しません。

佐藤　あれはまた戻ってくるっていうことを聞きますけど。

江原　そういうこともありますし、またほかの方につく可能性もあるということです。完全に悟ったわけではないので。

佐藤　そうすると、やっぱり完全に悟らせるためには、言って聞かせるということですね。

江原　そうです。やはり同じ人間ですから、なぜそのように苦しんでいるのかということを聞いてあげて、そして道を諭してあげるわけです。執着を持たないようにということを一生懸命諭してあげなきゃならないわけです。

佐藤　でも、そう簡単には悟らないでしょう。長い間の恨みとか、情念ですからね。

江原　そうですね。しかし、そのようなことをしていますと、半分ぐらいの霊たちは何とかそれでも悟ってくださいます。それでもわからない場合には私の背後霊がそれを引き取るという形をとります。

佐藤　引き取るといいますと？

江原　要するに、向こうの世界で面倒を見る、連れていきますというような形をとっていただいています。

佐藤　そのとき、その人の背後さんはどうなっているんですか？

江原　やはり、もちろん助けたい気持ちであるんですけれども、要するに心を閉ざしているがために、全く入るすきがないわけです。取りつく島がないわけです。ですから、まずは冷静に落ち着かせて、そして諭して、その人たちに周りを見渡して迎えに来ている者たちを早く見させる、要するに見つけさせることをします。

あとはその方の背後霊さんたちやら先祖霊の方たちが連れていってくださる、導いてくださいますから。

佐藤　そういう仕組みなんですか。

江原　私たち生きている人間も全く同じですから、死後の世界も全く同じです。

生きている人間でもなかなか物わかりの悪い方だとかいらっしゃいますよね。それがそのまま亡くなった場合には、やはりそのようになってしまうわけです。

佐藤　じゃこの世の性格を向こうへ行っても引きずっているわけですね？

江原　そうです。死後の世界はそのまま平行移動ですから。この世でどうしても執着が強い方、我欲が強い方はやはり向こうへ行ってもそのまますぐサマーランドには行けないわけです。

例えば、お酒に執着したりお金に執着した、人間関係に執着したという思いがそのまま残って憑依してしまう。

で、それを諭さなければいけない。生きている人間でも諭すのは大変なんですから、やはり同じです。亡くなっても諭すのは言葉でもって一生懸命、そのようなものじゃないということを示してあげなきゃならないんです。

佐藤　そうすると、サマーランドから霊界へ進みますでしょ。そうしたらもう再生ということはないんですね？

江原　いえ、それでもあるそうです。例えば、背後霊を務めて、それでも自分も再生してもう一度心を磨いてみたい、魂を磨きたいと思う人はいらっしゃるようです。

あとは霊界でのお役目をしていく、要するに背後となるとか、そのほかにたくさんの仕組みがあるそうですけれども。

どんな人が幽霊になるか

佐藤　そうすると、よく取りついたり、憑依したり、幽霊になって立っていたり、音をたてたりする霊というのは、幽界にもまだ入っていない……。

江原　そう、これがやっかいなんですね。死後の世界がない、人間は死後、無になると思っている方が死ぬと。普通、死んだあとも自分の感覚があるわけです。要するにものも見えるし、自分も動けるしと。そうなったときに、自分は死んでいないと思うわけです。まだ生きていると思うんです。

佐藤　やっぱり電車が走ったり、人が歩いたりしているのが見えているんですか？

江原　そうです。しかし、気がついてもらえないし、自分が一生懸命に話しかけても無理です。または壁もすり抜けるでしょうし、おかしなことがたくさんあると思うんですけど、しかし、自分自身で死んだという、また死後の世界があるということを自覚できないんです。死んだら無になると思ってきた人ですからね。

よく墓場で幽霊がでます。それというのは、死後、人は墓場に行くものだと思っている人がいらっしゃるんですね。

それは死んだという自覚があって、自分は死んだと、であれば墓場に行くんだと。それで、墓場で長い間こう坐っているわけです。でも、いつまでたってもだれが来るわけでもない。

佐藤　そうすると、さっきの臨死体験の人の言う、花の咲いている道を行くとか、あるいは暗いトンネルを行くというのは、これは自然にそこへ導かれていくんじゃないんですか？

江原　違いますね。もちろん自然と導かれていくんですけれども、死後の世界を信じていた方の行き方と違います。

いずれにしてもそこへ行ってからまたおろされる、要するにこの幽現界というところに来る人もいれば、または地獄界とか、それは人それぞれ千差万別で、さまざまだそうです。

佐藤　それで、墓場へ行く人もいるわけですね。それは自分の意志でね。

江原　そうです。そこの墓場で待っていて、そのうちにだんだん気持ちがうらぶれていくっていうんでしょうか、そのようにしてうろうろしているうちに人に目撃される、そしてそれが幽霊だと言われるということだと思います。

ましてや事故で即死した方などは死の瞬間というのが一瞬なものですから、死の自覚のない方たちが多いです。それがいわゆる地縛霊だとかと言われる人たち。

佐藤　それが幽霊ですか？

江原　そうです、幽霊。幽体を持った霊魂ですから、幽霊なんですね。肉体を捨てて。

佐藤　じゃ、まだ幽界の手前の幽現界とおっしゃいましたかしら、そこへも入っていないの、そこの人。

江原　そこの方でもあり、幽界、要するに幽体を持っている方で幽現界にいる方が幽霊となってあらわれる。幽界に行けばこちらとは縁がないわけです。

佐藤　幽界にも入れないと。

江原　そういうことです。肉体を捨てたのみのまま、この世にいるということです。

佐藤　それでさまよっているわけですか？

江原　そうです。ですから、自殺の名所と言われているようなところでは、そのようにして死んで、死んだ自覚がない、苦しいものだからもう一度死になおさなきゃいけない、死んだことに失敗してしまったと思っているのです。ですから、そのときに自分では気づかずに人に憑依して一緒にまた飛び込んだり自殺するわけです。それを繰り返す。

佐藤　つまり、引っ張るってよく言いますわね。池や踏み切りで引っ張られたというのはそういうことなんですね。

江原　そうなんです。ですから、死後の世界を信じないというのは、とても後々に大きな影響を与えてしまうんです。

佐藤　死後の世界を信じなくなったのは、やっぱり明治以後ですかね。

江原　だと思います。

佐藤　そうですね。しかし大変な仕組みになっているものなんですねえ。

3章　いい霊と困った霊とのつき合い方

人は再生するものか

江原　一度霊になったけれども、なぜ再生するかというと、やはり私たちは完全なる魂を求めているわけです。ですから、完全なる人間、要するに霊性の向上って言うんですけれども、それを果たすまで幾度も幾度も続けていきます。人の思い、行動、言葉、すべてです。それは一つも狂いなく出ます。

かの有名なエドガー・ケイシーという方が、いわゆる因果律というのを非常に強く言うんですけれども、例えば、闘牛を見て喜んだ、これも一つのカルマとなるんですね。

ですから、それは今生において必ずプラス・マイナスゼロとなるようにすべて計算されている。一つの狂いもない。私たちはこの世にまだ生きていて、その思い、行動、言葉、すべて霊界のほうではインプットされているわけです。それを死後、すべて見させられるということです。

だから、この世に生まれるということは、すべてそれを浄化できるか、解決できるかと言うとそうでもなくて、生まれてきてそれを二重三重にしてしまう場合もあるんです。生まれて来ないほうがよかったかもしれないということもあります。

生まれかわってなぜ、前世の記憶がないのかと言うと、私の背後霊だとかいろんな方たちは、生まれてきた赤ちゃんが前世の記憶を持ったらば、ほんとうにそれはかわいいだろうかってよく言うんですね。その家となじめるだろうかとも言うんです。ですから、そういうことも一つの愛情なんだと言います。

私たちはなぜこの現世に生まれるか。この現世によって一番重要なのはこの肉体である。

肉体がある以上、物欲、食欲、性欲という、そういうものから切り離せない、死後私たちはそれから解き放たれる、この世の苦しみはすべて肉体を持っているゆえの苦しみだという言い方をします。

佐藤　物欲、食欲っていうのは死後は全く消えますか？

江原　はい。全くありません。

佐藤　それが残っているから成仏できないという場合は？

江原　それは実際にあります。しかし、それをまた断ち切らなければならないと言うんですけれども、ただ、霊界ではお酒もあればたばこもあり、何でもあるそうです。サマーランドという幽界というところでは。

しかし、それもこの現世のものとは違って全く味気ないものだそうで、それをいただいているうちに自分で、もうそんなものは要らないと思うようになるんだそうです。

佐藤　欲がなくなるということですね。

江原　そうです。空腹もないわけで、また欲しいと思ったものはすべて想念でできあがるわけです、そのサマーランドで。ですから、サマーランドを極楽と勘違いして長居してしまう霊魂も多いようなんです。

死んで親に会えるのか

佐藤　死んで親に会うとか、兄弟や連れ添った人間に会うということはあるんですか？

江原　あります。

佐藤　それはわかりますの？　かつての女房だったとか。

江原　はい、それはわかるそうです。自分自身が一番その方をよく知っていた状態で、また、一番懐かしいと思う姿で出てくるそうです。

それはいくらでもつくれるそうなんです。それは、いわゆる霊衣と言われる、エクトプラズムとも言われるものでつくりかえることができるんです、エーテル体というものは。ですから、一番懐かしい姿で出てきてくださる。

また、そういった方はじゃあ再生してないのかとかいう矛盾もあると思います。再生はとても難しくて、いろんな方が違う言い方をしますけれども、私の背後霊などは類魂説というのを説いておりまして、死んだ人間がそのまま生まれかわるわけではないと言います。

死んだ人間をいわゆるろうそくの炎にたとえれば、火を移してこの人間のもとの部分、素だけが移って、そしてそれだけが再生していく。で、その死んだ人間は永遠に個性は存続していく。

佐藤　残っているわけですね。

江原　はい、霊界のほうで残っている。

佐藤　そうですか。それならばわかるけれども、例えば、よく武田信玄の生まれかわりとか言うけれど、武田信玄そのものがその人になっているわけじゃないんですね。

江原　ないです。

佐藤　そうすると、武田信玄の生まれかわりっていう人が大勢いるかもしれない、ろうそくの火を分けるとしたら。

江原　しかし、この時代には一人しかいないでしょうね。もし生まれかわったとしても。その人がまた亡くなって再生しない限り。同時代には何人もいないはずです。ですから、そのようなことがあった場合には、どれかがいかがわしいと。

よくヨーロッパでも研究者が、私は何人ものマリー・アントワネットに会ったってよく言うんですけれども。ですから、それだけ、まこともあればいろいろと疑わしいものもあると。

佐藤　例えばある人が、紀国屋文左衛門が背後霊団の中におられると言うんですが、また別な人の背後霊団の中に紀国屋文左衛門がいるということはありますか？

江原　あると思いますね。

佐藤　そうすると、あっちへ行ったりこっちへ行ったり。

江原　要するに、生まれかわった分霊がほかの人につくとかいうことがあるかもしれません。もしくは兼任する場合もあるんです。

あとは、実はその人だと思っていながら、その人の使いであるということもあるんです。

非常に複雑なんですが、例えば、ヨーロッパの例で、ホワイト・イーグルっていう霊とシルバー・バーチっていう霊が違う霊媒を通して話しているんですが、実は、その人たちが言うには、もとは一つであると言うんです。

全くの別の霊媒におりているんですけれども、実は自分たちは大ホワイト霊団の一員であると。

で、その代表がホワイト・イーグルであり、こっちはシルバー・バーチであると。でも、もとは同じなんだという場合。

ですから、そのような一つの目的か何かを持って、その上でおりてくる、別のところへ来ているという可能性は十分にあると思います。

低級霊と高級霊はここで見分ける

佐藤　その人に、頼っている霊というのがありますね。例えば、私なんかも随分先祖が頼っていると言われるんですけど、そういう霊も見えますでしょう？　守護霊、背後霊もお見えになるんですか？

江原　はい。

佐藤　それも見えるんですか。それはどういうふうに区別できますの？

江原　私はやはり自分の背後霊にお願いをして、その方と面会させてほしいというようなことを意識して思えば、そういう方たちを見せてくださいます。

ただ、それが不思議なんですが、見てすぐそれが高級霊であるか低級霊であるかということを見分けられるのが私も不思議だと思うんですけれども、それが能力なんでしょうか。

佐藤　守っているか、頼っているかの違いというのがどうしてわかるんですかねえ。

江原　やはり、波長だと思います。その霊魂の持つ波長なんだと思いますけれども。

佐藤　私が思うのに、何でもかんでも守っている守っているって言っている霊能者がいますが、中には頼っている霊もいるんじゃないかなと思うんですけれども。

ある有名な霊能者と対談したときのことですけど、佐藤さんのお兄さんで十八、九で死んだ人がいますね、と言われましたの。事実、四番目の兄が十九で心中して死んでいるんですよ。

すると、その先生はそのお兄さんが佐藤さんを守ってると言われる。そして、そばとアンコロ餅を食べたいと言っているから、お供《そな》えしてくださいってね。確かに思い当たる兄はいるけれど、心中して女は助かって、兄だけが死んでるんですよ。そういう兄に妹を守る力がありますか？　これは私に頼ってるんじゃないかと当時私は思いましたけれどね。

でも大先生だから黙ってました。妹を守護しながら、そばが食べたい、アンコロ餅がほしいなんていいますか？

江原　守護できる高級霊ならば、ぜったいに食べものなどほしがりませんね。未浄化な霊である証しです。

しかし未浄化霊といえば地縛霊とか浮遊霊をイメージしがちですが、浄化しつつある霊でも進化の途中では現世の事を懐かしがったりするようです。そして未浄化霊であっても人間ゆえ家族のことは心配するでしょう。だからといって、それを見守っている、心配しているから守護霊だと言うのも、随分といいかげんだなと思います。

佐藤　でも、話すことのできない霊能者もいらっしゃるでしょう？　見えるだけで。

江原　おります。その場合にはやはり、受け取るインスピレーションだけでしょうね。

佐藤　だから、見えたものをどう解釈するかということが難しいわけですね。

江原　それはとても難しいと思います。よくそのような間違いをします。

霊能力が弱まるとき

佐藤　霊と話をしたときに、向こうがでたらめを言うという心配はないんですか?

江原　自分の背後霊の場合はありませんけれども、憑依している霊だとかはあります。そのような場合は私の背後霊が、おまえそれはうそだぞとおっしゃったりします。

佐藤　しかし、霊能者によっては耳打ちをしない背後霊の場合もあるんじゃありませんか?

江原　それは私でもときどきあります。どうしてかと言うと、やはり私の体調とか心境とか、やはり生身の人間ですから、そのときどきの体調によりけりで変わります。

佐藤　だから、やっぱり霊能者が全能っていうわけじゃなくて、こう言われたからっていって全面的に信じるっていうのも危ないですね。

江原　危ないです。やはり、スポーツ選手だとか何でもそうでしょうけど、体調によりけりでいい成績も出せればよくない場合もありますから。それはもう霊能者も同じです。

ですから、霊能者を職業とする場合にはそれはとても怖いでしょうね。やはり、できないときにはできないとお断りできるような環境に自分を置かないと曲がった方向に行ってしまうと思います。

佐藤　そうですね。そこがやっぱり難しいところですね。相手が、何でもわかる人だと思っていると思うと、すみません、わかりませんとは言いにくい……。

私、今でもかわいそうだったなと思うのは、スプーンを曲げるというのがはやり始めたときのあの少年がね、朝日新聞のカメラマンや記者の前でそれをやってみろということになったときに、床で曲げたというんですね。床に曲げた傷がついていたからあれはインチキだって、朝日が随分たたいたんです。

それは少年だから、やっぱり体調とかいろんな条件で曲がらないこともある、でもそこは子供だから、曲がらない、きょうはだめだって言えないからああいうことをやったんだろうと私は思うんですよ。とてもかわいそうに思うんですよ。それを朝日の記者が威丈高《いたけだか》になってやっつけて。

あの子はどうなったかと私、いつも思っていたんですけど、亡くなりましたね。そして、その前に何かちょっと新聞種になるような事件を起こして、やっぱりちょっと人生の脱落者みたいになっちゃったのは、私、朝日新聞に責任があると思っているんですよ。

だから、我々にできないこととか、目に見えないものが見える人とか、我々にわかんないことをちゃんと教えてくれる人なんていうのは、全能だと、絶対にいつも間違いないというふうに我々側で思い込んでいて、それがたまに間違えるとあしざまにあいつはだめだとか、インチキだとかって言うのは、あれは私、いけないと思いますね。

江原　特にテレビがそうですよね。テレビは必ずその結果を仮定した上でやりますでしょ。ですから、このようにしてくれなければ困るというような。

佐藤　やらせですか？

江原　ええ、やらせをしてでもやってほしいと。そういうような依頼というのはさまざまあります。ですから、私はテレビが大嫌いです。

大体が無理難題ばかり言います。美空ひばりや石原裕次郎の霊をおろして、マイクを持って歌ってほしいとか平気で言います。

佐藤　それをやっぱり断れない方もいらっしゃる。

江原　そうでしょうね。やはり受け入れる側の知識が全くないのと、あとはやる側のほうも。テレビに出る霊能者自体があまりよくない人たちが出始めることがよくあるわけですね。そういったことを妥協しても自分を売ろうと思う人たちが多いと思うんですね。

ですから、最初にいい霊能を持っていても、それによって曲がっていく人たちもいらっしゃると思います。

佐藤　美空ひばりの何かを見たことはあったけど、あのとき、私はインチキくさいなと思ったことを今思い出しました。

悪霊に感応するということ

江原　さらに霊障というものについて言えば、人間でも普通の一般的な人もいれば、いわゆるやくざと呼ばれる人たちもいますでしょう。死んでも同じです、それは。

ですから、普通に、ごく一般の人たちは多少心の問題を持ったとしても、それが霊障となる場合もありますけれど、それ以外に、非常に心を全く悪い方向にうらぶれて、要するに類は友を呼ぶで、非常に低い心境の者たちが集まって、その者たちがいたずらをしてやろうとしてやる場合もあります。

佐藤　暴力団みたいなものですか？　やくざですね。

江原　ええ。死んでも生きても同じで、必ずグループになるんですね。

佐藤　それは幽界にいる。

江原　そうです。幽界の下層部とかにいる。低級な自然霊なんかもそうです。

佐藤　幽界の下層部からもこっちに出てこられるんですね、じゃあ。

江原　来ますね。簡単なことなんじゃないでしょうか。次元の問題ですから、スッと時間も空間もないところで通り越して……。ですから、そういったまとまったものを霊団とか悪霊だとか言っている。霊団でも、いわゆる低級な霊団です。

私はよく悪霊なんて言いますが、悪霊というものがいるんではなくて、霊団化してしまって、重なりあって悪霊となるんだと思います。人霊も自然霊も動物霊も重なりあって。要するにグループになっちゃうんですよ。

佐藤　いつだったか、テレビで、心霊のテレビをやったんですよ。うつみ宮土理さんの司会だったんだけど。

江原　見ました、私も。

佐藤　ああ、あれごらんになりましたか。尼さんを本職にする人と、それ以外にちょっと霊能のあるタレントと普通の奥さんが来ましたでしょう。そこへ小田晋という心理学の先生が入ってこられたんですよ。そのとたんに、ちょっと霊能のあると言われているタレントと主婦が、気分が悪くなっちゃったんですよね。それで、うつみさんがビックリして、どうなさったんですかって。

まことに失礼だけど、小田先生が入って来られたとたんに気分が悪くなったって言って、小田さん憮然《ぶぜん》として……。私もあんなおかしいこと、悪いけど笑っちゃいましたけども、その小田晋さんって、やっぱり独特な容貌をしておられますでしょ、あの方、声もね。だから、じゃあ悪霊ですかね、ついているのは。

江原　あの番組でも言ってましたけど、やっぱりあの方自身は犯罪の心理学をやっていらっしゃるんですか。

佐藤　そう。

江原　ですから、いろんな殺人犯とかに会ってますからというふうにおっしゃってましたね。私は、そういうものが憑依することはなくとも、感応はすると思いますね。

佐藤　でも、小田さん自身はなんでもないんですか?

江原　要するに、憑依しているんではなくて感応していればやっぱりそうですね。ですから、たとえはよくないかもしれませんけど、精神病院の先生など、わりと精神病的になりやすい人もいますでしょ。

佐藤　ああ、そうですね。

精神疾患を心霊家の立場で見ると

江原　やはり、影響を受けちゃうんですよ。エネルギーを受けるとか、もしくは憑依をしてしまう。

だから、私はよく精神病院に入院すると言われると、ほんとうはやめたほうがいいと、大体言うんですね。どうしてかと言うと、そういうグループのところに入ってしまうと、そこで二重三重に影響を受けやすいわけです。

佐藤　精神分裂などは九十九パーセントまで憑依だという意見の方がいらっしゃいますけど、やっぱり憑依が多い。

江原　私はそう思います。憑依現象だと思います。

佐藤　そういうのは、薬や何かで治療しないで、心霊の治療をすれば治る？

江原　はい、治ると思いますね。治ると思いますし、それは年数によります。患ってから何年かかっているか。ですから、病気と同じで、かかった年数だけかけて治すというふうに思ったほうがいいと思います。

霊をとったとしても、すでに霊によって体を著しく傷つけられたり、精神を傷つけられたりしている場合がありますから。

佐藤　ノイローゼというのはどうですか。ノイローゼもやっぱりそういう憑依の場合が多いですか？

江原　多いですね。ノイローゼは多いですね。特に多いのは分裂です。分裂はやはり憑依現象、憑霊体質の人は大体そうなりやすいです。

佐藤　躁うつ病というのはどうですか？

江原　躁うつ病もやはり憑依体質が出すものですね。それが、全く憑依かって言うと、そうとも限らない。憑霊体質が非常に強く出た場合には、感情の起伏がものすごく激しくなりますから。

　ですから、霊能者というのは、もともと感情の起伏が激しいものですね。それを常に一定のテンションに保つのが、いわゆる心の修行なんだと思うんです。なぜかと言いますと、人間というのはオーラというものがありまして、憑霊体質の人、または霊能者というのは、普通の人よりもオーラが大きいんですね。ですから、普通の人よりも感度がいいわけなんです、アンテナが大きいようなもので。それで、霊魂というのは街灯に群がるガみたいなものでして、明るいほう明るいほうと求めていきますね。ですから一番感応しやすいわけです。

　そのときに、憑依というところまでいかなくても、そのオーラにバシッと接触するわけです。

　そうしてくると、例えば、悲しみを持った霊魂だとすると、バラエティー番組かなんかを見ていたとしても、突然に悲しくなってくるとか、感情の起伏を著しく変化させられてしまうんです。それをまず克服しなければならないんです。

ですから、一般的に非常に喜怒哀楽が激しいとか、感情の起伏が激しいなんていう人は、憑依体質の人が多いですね。それが著しく表立って出ると分裂みたいになってしまう。あとは躁うつということです。

それから、精神病の電気ショックですか、あれも、結局は除霊なんですね。

佐藤　まあ、そうなんですか。

江原　あの刺激によって……。霊たちはあれを雷が落ちるという言い方をして、恐れるというのです。ですから、それによって霊が離れるから治るという形。でもそれは私たちに言わせれば、昔よく狐つきだとかということがよく日本の中に事件がありました。煙でいぶして棒でたたいてと。それと大差がない、いわゆる非常に野蛮なやり方で、むしろ心霊的なやり方のほうが高度なやり方だと。心霊家の立場で言えばそう思います。

供養にはこういう意味がある

佐藤　私、何年か前に死んだらどうなるかという話を聞いたときは、みんな眠っているんだ、だから、名前を呼んだりいろいろして起こしてはいけないというふうに聞いたことがあるんですけどね。
それはある霊能者が霊視したら、みんな眠っているところが見えてきたという話だったんですけどね。

江原　眠ることはとても多いようです。一時向こうで眠らされて、そして落ち着かせてから……。

佐藤　それは幽界でですか？

江原　はい、幽界の下層部です。暗闇の中とかいうのもそうなんですけど、いったん眠らされて、霊たちはそこでエーテル体と言われる幽体、霊体、本体というものをしっかりとつなぎ合わせるような作業をすると言うんですね。ですから、そこは幽界の病院なんだという言い方をするんです。

そこでしっかりとつなぎ合わせて、落ち着かせてから覚せいさせる。その覚せいのためにはご供養というのが必要になってくる。

生きている人間の、例えば、おばあさんならおばあさんという声がこの人は聞こえてくると言うんです。それによって目を覚ましてくださるとよく言います。ですから、供養というのは確かに助けにはなるようです。

佐藤　お盆とか、命日の供養とか、ああいうのはやっぱり意味があるんですか？

江原　そうですね。それは私、想念だけだと思うんですけども。やはり、お盆には霊は帰るものだと思っている霊は、帰ってくると思います。

佐藤　なるほど。

江原　そうは思ってない方は、そうでないと思う。でなければ、ヨーロッパだとか宗教の違う国はどうなるんだろうかというふうになりますでしょ。ですから、それはやはりすべてが想念ですね。

やはり、死後は墓に行くと思えば墓に行くし、お盆に帰ってくると思えば帰ってくるんですね。

佐藤　現世、生きているときの考え方がまだ続いている。

江原　ええ。死後の世界は季節感もないんですけども、それなりに冬だと思えばオーバーを着たりコートを着たり、いろいろと霊も衣装がえをして出てきたりしますから。

佐藤　あらァ、そうですか。

江原　ええ。みんな霊というのは白い着物を着て出てくると思っているようですが、とんでもないです。その人が生前一番好きだった着物を着て出てきたり、あとは、冬だと思えば重いコートをはおって出てきたり、さまざまつくって、想念でかえてしまいますからね。

いわゆる死装束というのは、こちら側の思いに過ぎない。ですから、もちろん白装束で出る方たちももちろんいらっしゃいます。死んだら白装束だと思っている人は白装束で、三角のをつけるものだと思っている人は三角のをつけて。

佐藤　死んだときの年齢では必ずしも出てこない……。

江原　ええ、一番その人が輝いていた時代。ですから、二十歳の人はそうであるし、もっと後の人はそういう姿で出てきます。

一番華やいでいて、そして輝いている時期。

4章　大変な霊体験になぜ出合ったのか

自分の前世はわかるか

江原　自分が再生する前の魂はどういうものだったかということを、知ることはやはりできるでしょう。必要があれば会えると思います。それは人によって完全に再生すると言う人もいれば、そうでないと言う人、さまざまなんですね。ですから、それが一番最初の話に出てきた、その霊魂が再生を経験したことがあるかどうか、によっても違うと思います。

私はそれを背後霊から教わりましたが、その人自身の前世が背後霊についていたりする場合がたまにあるんです。ですから、その現状を見ると、あっ、やはり前世は前世で存続しているんだなということを、私は私なりに解釈しました。

私自身も、いわゆるすべてを知っている神ではない、一応求道者であると思うんで、もしかしたら、先々に意見が変わるかもしれませんけれども。

佐藤　私は、美輪明宏さんに、かつての私の前世はアイヌの酋長の娘だったと言われた。馬に乗ってはちまきして、口のまわりに入れ墨を入れて部下を従えているところが見えたという。

それがなぜ私の前世だとわかるのか、不思議に思って訊《き》きましたら美輪さんは、なぜって言っても、とにかく見たとたんに「あっ、これは佐藤愛子さんだと思った」って言うんですね。

それ以外に説明のしようがないということでしたけどね。

江原　それはあると思いますね。言葉で聞こえてくるときもありますけれども、そういった感覚というのは、私も確かにわかるんです。
別に何を言われたわけでもないんですけど、映像が見えたとき、「あっ、これはそうだ」と確信することってあるんですね。ですから、それも一つは教えてもらっているんだとは思うんです。

佐藤　名古屋のお医者さんの鶴田先生、この先生から江原さんを紹介していただいたんですけど、鶴田先生のおかげで私はどれだけ助けられたかわかりません。心霊の勉強をするようになったのも鶴田先生がトバロですしね。
そうしたら美輪さんがある日鶴田さんと私を前にして霊視して、大きな川のほとりを敗残の武士がよろよろ歩いていく。と向こうに一軒の家があって、その中の囲炉裡《いろり》に向かって老婆が坐っている。背筋をすっと伸ばして端然と坐っている。この老婆が佐藤さんの前世で、敗残の武士が鶴田先生だと言うんです。鶴田武士が空腹でよろよろしながら、家の中に入っていくと、老婆から一椀のお粥を貰い礼を言って立ち去る——こういう因縁が私と鶴田先生の前世であったと言うんです。

その後、鶴田武士は川上だか川下だかで切腹したというんですけどね。おどろいたことには鶴田先生おへその下に、切腹の痕のような一文字の傷があるんです。見せてもらいましたけど、それは生まれたときからだそうですよ。

江原 本当に切腹の痕だと思います。前世の名残りですね。

これはよくあることです。うちの子も脇腹に槍で刺された名残りのアザがあります。よくアザ等で前世の名残りがあらわれます。

しかしながら佐藤先生と鶴田先生は深い絆で結ばれているなと思っておりました。前世の縁が今世にまでつながり助け合っているのですね。ご恩返しなんですね。

このような縁に気が付くと人とのご縁はすばらしいと思いますし、大切にしなければと感じますね。

佐藤 輪廻転生だから前世は幾つもあるんですね。アイヌの娘のときもあれば、武士の一族のばあさんのときもある。むつかしいですね。

憑依しているものが見える場合もあれば、前世が見える場合もある、また背後さんが見える場合もあると。いろいろと見えるわけですね。それをちゃんと間違えないで見届けてほしいと思いますねえ。

江原　まして、自分の背後霊に会ったときなんていうのは、一番顕著にわかります。私は自分の背後霊に霊視で会ったときというのは、ほんとにものすごく懐かしいと思いました。

そのときに、何を言われたわけではないけど、「ああ、自分の背後霊に会えた」と思いました。懐かしさがあるんです。それで、とてもどこかで自分と似ているんです。顔形ではなくて、非常に共通する魂があるんですね。

背後霊の性格と自分との因果関係

佐藤　例えば、私のうちなんていうのは、祖父の時代から、みんないわゆる喜怒哀楽が激しくて、しかも普通の人だったら遠慮して言わないことをずけずけ言うというような、じいさんから父から兄から私、一族全員そうなんですよ。

　こういうのは、そうすると背後がそういう性格なのか、どういうんでしょうね。そういう性格の背後さんが、兄弟からじいさんから代々きているということですか？

江原　それはあると思いますね。背後霊もそういう性格……要するに、背後霊自身もやっぱりそういう要素は持っていたと思います。もちろん浄化して向上していますから、そういった気持ちはないにしても。

佐藤　現世にいるときにね。

江原　ええ、現世にいるときはそうだったと思うし、また、そのほかの人たちも、やはりこれが類魂だと思うんです。やはり似た魂が寄り集まる。ですけど、佐藤家の皆さんも前世は別ですよね。皆さんそれぞれ違うんですよね。

佐藤　そうそう。

江原　でも、なぜ同じような気質が集まったのかと、やはりそれは類魂だからだと思います。

佐藤　それでも何か理由があるんでしょうね。そういうものが集まってくる理由というのが。何か因縁でしょうかね？

江原　ええ。自分自身がそこの場において、それをいろいろ苦しむこともあったでしょうし、そういったことを感ずる、そして魂を浄化する目的であると思いますね。

これ、因果律とかの話をするのはとても難しいんですよね。

佐藤　ええ。

江原　私も、そういう感がありますと頭がときどきおかしくなるときもありますけど。ですから、私たちは決して人を恨んではいけないということにしても、この因果律があるからだということを言うんですね。

例えば、自分は殺されたとします。自分が殺されることができるというのは、人がいるからだと。

殺してくれる人がいるから自分が殺されることができるんだと。だから、その人に対しては感謝しなきゃいけないと。それで、自分を殺すということのために、その人はその分カルマを背負ってくれる。

自分は殺されたことにより、殺された心の痛みを理解できて、二度と人を殺さない魂になれる。だから、その人のおかげで自分はそれだけ向上できるんだから、そして自分のことでカルマを背負ってくださるから、その人を愛さなきゃいけない。

ですから、世界人類みな愛さなきゃいけないにつながってくる。

佐藤　なるほど。だからそうすると、遺伝という問題も、気質的な遺伝というか……。

私の祖父というのは、よく私と似ているんですよ。私が年をとるにしたがってだんだん祖父に考え方が似てくるというのは、何なんだろうと思っていました。

元津軽藩の微禄な藩士でしたけども、維新後は郷土史の研究とか、そういうことをして地方名士みたいになっていて、そして、りんごの改良かなんかで手柄があったっていうんで勲章をいただいたんですね。黄綬ですかね。

そうして田舎のことだからみんな喜んで、町の誉れだとか言って、町の人がみんな集まってお祝いの会をやることになったときに、昔武士ですからね、「おれが百姓のもらうような賞をもらったのがそんなにめでたいか、勲章をもらったのがそんなにめでたいか」って言ってえらい怒って、祝賀会がメチャクチャになっちゃったんですよね。弘前で有名な話なんですよ。

よく友人から言われるんだけれど、私は、いわゆる世間的な栄誉というものにちっとも価値を感じないんですわ。

だから、文学賞とかいろいろあるでしょ。ああいうものは作家であるからには欲しがるのが自然みたいなんだけれども、そういうものをまかり間違ってもらえたりしたら、また、授賞式だ何だというと、着物を着がえて出ていってあいさつしなきゃなんないと、そういう面倒くさいことをするよりも、自分で好き勝手に生きているほうがずっといいという、そういう思いが年々強くなってくるんですよ。

だから、いわゆる野心というものがやっぱりある程度なければ、野心があるおかげでさらによい仕事をしていくということがありますでしょ。

賞をもらいたい、何をもらいたいということで伸びていく人というのがいるんだけど、その逆のほうへ逆のほうへいっているのは、じいさんが途中から私の背後についたんじゃないかという……。

江原　床の間の方ですよね。

佐藤　えっ？

江原　床の間の前のようなところで坐っていらっしゃった方ですよね。

佐藤　大分前ですか？

江原　はい。

佐藤　あごにひげが……

江原　ひげがこう出ている方ですね。それはあると思いますよ。いわゆる背後霊と言うよりも補助霊的な役割ですけども、とても強い影響を与えていることはあると思います。

佐藤　そうですか。私やっぱりそうじゃないかと思ってたんです。

江原　羽織のようなものを着て構えてらっしゃった方ですよね。

佐藤　これはしかし……、困りましたね。

江原　そうですか。

霊になってもその人の癖は残るのか

佐藤　できれば、あまり影響は受けたくないです。いや、私はこのほうが楽でいいけども、友人なんかからそういうものがなさ過ぎるって、盛んにこの間も言われているんですよ。少しおかしい、そういうものをばかにし過ぎるって。それで、私の父もそれなりに頑固者でしたけども、やっぱりハチローが天皇陛下にお目にかかったときなんか、佐藤家末代までの誉れだと言って、喜んで日記に書いて落涙したりしてますからね。
私のほうは、もしそういうことになったとしたら、いったい何を着ていくんだとかね、まさかタクシーで宮中に行くわけにいかないから、いい車頼まなきゃなんない、なんて億劫《おっくう》さがくる。すぐにそういうふうなことばっかり思うんですよ。それでよく考えたら、そういう傾向は父にはなかったですね。やはりじいさんです。

でも、そういう癖というのは、なかなか霊になっても消えないんですね、そういう価値観というのは。

江原　そうです、消えないですね。

佐藤　消えないんですか。

江原　ええ。浄化していけばいくほど、自分の個性は捨てていきますけどね、でも、何かを求めていらっしゃるんだと思いますよ。ただ、それは未浄化の形ではないと思いますけどね。

でも先ほど申し上げたように、霊能でなければ人は救えないということはないと思うんですね。私は、究極は霊能なんかなくたっていいんだと思うんです。もっともっと違う形でも世の中に奉仕していければ一番いいと思います。

ですから、そういう部分で、このおじいさんという方は、佐藤家のことをまず考えていらっしゃるようですけれども、それ以外に、やはり世の中に与える影響というのは、今、自分でそういうことを通して普及していきたいというふうに思っていらっしゃるようですね。

佐藤 ああ、そうですか。

江原 はい、生き方というものの。その人の生き方。ですから、佐藤さん自身、人の生き方というものに、とても最近興味を持っていませんか?

佐藤 ええ、全くそうです。

江原 どのように生きるということが、やはり一番幸せなんだろうかということですよね。それを、やはり先生の体を通して訴えようとしているところがあると思うんですよ。

佐藤 ああ、そうですか。でも、神仏は全く信じない人だったんです。

江原 と思いますね。とても頑固な方だったようです。

佐藤　ええ。祖父は福沢諭吉の弟子だったわけですよ。それで福沢さんの推薦とかいろいろあって、伊藤博文が政界へ勧誘に来たんですね。そのときも、「小僧どもの仲間入りをおれにせよと言うのか」と言って怒って断ったとかね。政治家なんていうのはばかにしていたという……。

だんだん似てくるんで、困ったもんだななんて思って。生まれたときからじゃなくて、途中から背後さんになられたのかな。

江原　そうですね。

佐藤　なんか懐かしいですよ。困りながら懐かしい。

江原　あと、そのほか、補助霊ということがありますから、自分たちとともに修行をしていくということも十分あるんですよ。

霊たちは活動しているんですよね。

佐藤　美輪明宏さんのところに、「愛子がいろいろお世話になって」と言ってね、おじいさんの霊があいさつに来られましたよって言われましたけど。

佐藤家の先祖がずらずらっと並んで見えてきて、ひげの長い人が最後に出てきて、中には秀吉の下にいた人もいるしというふうな話で、最後にそのひげの人があらわれて、「愛子がいろいろお世話になっている」とあいさつをした。それが最後だったというお話でしたけどね。祖父の写真を見せたら、ああこの人この人って……。

ヨーロッパと日本の霊意識の差

江原　できれば自分の霊と話したいという欲求は、ヨーロッパではものすごく多いですね。ヨーロッパでは、日本のようないわゆる心霊相談みたいな形ってあまりないんです。

佐藤　ああ、そうですか。

江原　ええ、シッティングと言いまして、要するに、その人自身が坐ってイエスかノーかだけで答えていって、霊媒がその人にかかわる死後の世界のことをたくさん出していきます。

身内のお名前だとか、そしてその人がどういう生き方をして何を言っているかとか、そういったことをどんどん言ってきます。それによって死後の世界を証明するんだと。以上のことはヨーロッパで一番多いですね。

向こうの霊能者たちは、相談みたいなことは占い師のところへ行けとみんな言うんですね。そんなものを知りたければ占い師のところに行きなさい、タロットがいいと。自分たちは死後の世界を証明するんだと。

ですから、デモンストレーションという形をとってますね。

佐藤　イギリスなんかに比べると、日本の死後に対する関心というのは非常に薄いですね。

江原　低いですね。五十年はおくれていると言われます。非常に低いです。特にイギリスが死後の世界に対する関心は進んでますね。ましてや、実用的な部分ですよね。ヒーリングだとか、そういう実用的な部分が非常に力を持ってます。

佐藤　イギリスが一番進んでいるんですか?

江原　そう思います。例えば、機関、施設だとか、そういったものの数がイギリスは多いと思いますね。ましてやチャールズ皇太子の貢献が随分あると思いますから。やはり、かなりサポートしています。

ポルターガイストの正体

佐藤　ポルターガイストなんていうのは、外国にはわりと例はあるけど、日本じゃ少ない。

江原　とても少ないですね。

佐藤　なぜですか？

江原　どうしてなんでしょう。やはり、風土によるものだと言われていることが一番多いんですけれども、あとは気性的なものもあるんじゃないかとか。心の部分です。その部分もあるのではないかと言われてますけれど、難しいですね。

佐藤　つまり日本人は淡白だということですか？

江原　そうですね。どちらかと言うと、陰性と言いますか、うらめしいほうが多くて。

佐藤　うらめしやのほうが。

江原　要するに暴れるという、騒霊と言われるポルターガイストはヨーロッパのほうが多いんじゃないかと。

佐藤　あのポルターガイストというのは、人間霊じゃなくて自然霊の力をかりていると言いますけども、人間霊でも起こすんですか?

江原　できるとも言われていますけれども、ただ、やはりいろんな力がかかわるんだと思いますね。あとは、非常に霊的体質者がいるうちでは、比較的人間のエネルギーを使って起こすために、起こしやすいということも言われています。

佐藤　ああいう霊現象というのは、全部人間のエネルギーを使うんですか?

江原　エクトプラズムと言われているものを使ってラップだとかを起こしたりする。

佐藤　人間がだれもいなきゃラップ音は鳴っていないんですか。空き家で勝手に鳴っているということはないんですか?

江原　それはないんではないでしょうか。

佐藤　ないんですか、人がいないと。

江原　ええ。

佐藤　幽霊だって、人がいるからあらわれる？

江原　そうなんです。

佐藤　やっぱり見物がいないと出ても面白くないのかな。（笑）

江原　ラップというのも面白いんですけど、昔からあったわけじゃなくて、ある程度の時代から起きたと言いますね。フォックス家の事件から始まったと言うんです。今から百五十年ぐらい前からラップがあって、それ以前にはなかったんだと言うんです。

そのラップという現象を発明したのは、実はベンジャミン・フランクリンなんだと言うんです。ベンジャミン・フランクリンが死後の世界でラップを発明したと言ってきているんです。それは私も興味深い話だなと思います。

佐藤　その話、傑作ですね。

江原　ええ。そのように言われているんですよ。でも、確かにそれ以前でラップということは、本の中でもあまり出てこないんですよね。ですから、日本でもラップがあるということは、ラップ現象は日本にも普及したということなんですね。

佐藤　面白いですね。

私の北海道の超体験

江原　ただ、霊能の部分で物理現象というのがある。赤道に近ければ近いほど物理現象というのは起きるそうです。

佐藤　起きるんですか。

江原　ええ、心霊手術にしても何でもそうですけど、赤道に近ければ近いほど起きると言われますね。赤道から離れれば離れるほど、わりと精神的な心霊現象のほうが多いと言います。研究をしている方がそのように言っているわけですけど。

佐藤　私の北海道の別荘でのことですけど、ある日コードレスの電話がなくなっていくら捜してもない。

居間に長椅子があるんですけど、これ遠藤周作さんからもらったんでガタがきているんですけどね、ソファの端に肘かけがありましょう？　その肘かけのつけ根あたりを、「まさかこんな所にあるわけないしね」って言いながらなでているうちにひょっこり、手がつけ根の所にズルッと入った。中が袋みたいになってて……、とにかくボロソファだから……、手を入れていくとカチンとさわったものがある。あっと思って引き出したら……電話だったんです。

いや、もう、怖いというより呆れ返ってねえ。

その後で娘と町へご飯を食べに行こうってことになって、行こうとしたら車のキーがない。スペアキーを手提げ袋に入れておいたから、それで行こうと思ったらそれもないんですよ。

そこでふざけ半分に、さっきのところにあるんじゃないかって手を入れたら二つ入っていたんです。

そのあと、宜保さんと対談しましてね、そのときにその話をしたら、そういう難しいことは私にはわかりませんとおっしゃってた。そんな怪奇現象は一つや二つじゃないんです。話しはじめたら怪談本一、二冊はゆうに書けますね。

結局、そこはアイヌの集落だったんです。アイヌが神様を祀《まつ》ったりしていたところへ私が家を建てたということが原因だったんですけどね。その集落にいたアイヌが和人《シャモ》のために皆殺しになっていたんですよ。

何も悪いことしていないのに一方的にやられた。その怨念がずーっとつづいていた、そこへ私が家を建てたってことらしいんです。

ああ、それから、台所のガス台の上の換気扇が外されて、台所の床の真ん中にポンと置いてあった。東京から友達が来たので町へ夕食に出かけて、十一時頃帰ってきたらそうなってたんです。けれど人霊にそれだけの力があるかしら？

江原　強いですよね。人霊だけではちょっと難しいと思いますよね。

佐藤　難しいでしょ。だから、あれはやっぱり自然霊の力をかりているんですね。

江原　自然霊の働きというのがあると思いますね。ですから、それはひとつの風土というのは、そうなのかもしれないですね。そこの土地の自然霊とかいうことも……。

佐藤　その場合はアイヌの人霊が、力を合わせてやってくれって自然霊に頼むんですかね？

江原　頼むことはないにしても、やはり、そのエネルギーを利用してということはあるのかもしれませんね。どちらが利用するのかはわかりませんけど、アイヌのほうが利用したのかもしれませんし、自然霊のほうが利用して起こしたのかもしれませんし、その怒りの念とかを利用して、起こしたのかもしれませんし。

選ばれたんですね。

霊界は先生に霊的真理に目覚めてほしかったのでしょう。そして世の人々に心（霊《たましい》）の癒しを与えてほしいと願ったのでしょう。それには生半可な心霊現象では先生が納得しないと考え、ハデにポルターガイスト現象を体験させたのでしょうね。

佐藤　その北海道の家を建てた場所は、土地を見に行って、ひと目見るなり魅了されたようになってその場で決めたんです。それは、もう探すのをやめて帰ろうとした最後の日でした。

家を建てた年から毎年、いわゆる超常現象といわれる現象が次々に起こり、衝動買いをしたバチがあたったのかと反省したりしてましたが、その後いろんな霊能者に会ってきくと、皆さん、それは佐藤さんの意志というよりは「選ばされた、家を建てさせられた」のだと言われました。これは長年にわたる怨念をしずめる役目に遣《つか》わされたというわけでしょうかね。

万事がんばる、私の性分を見込んで選ばれたのか、あるいはいろんな私の因縁があって、そのカルマのためにしなければならなかったのか、与えられた使命なのかどうかはよくわからないけれど、この家を建てたことによって、神仏のことにまるで関心をもたなかった私が、これがきっかけとなって、人生観も、価値観も変わってきました。

いままで度重なるつらい経験もしてきたけれど、私にとっては有難いことだったと思うようになっています。

霊はどうやって存在を示すか

佐藤　霊の側というのは、いろんな行動をとる霊もいるんですね。だから、そういうとき、何で換気扇を彼は選んだのかと。なぜコードレスの電話を選んだかという、そこが非常に興味のあるところですね。

江原　それは不思議ですよね。解釈できない。

佐藤　あんな手の込んだことを……。そこまでしないと気がつかないと思ったんですかね？

江原　要するに、動かしてもあまり気づかれないようなものは動かさないんですね。

佐藤　うん、わかんないですね。だから、スリッパがないないって言って捜してましてね、そうしたら内玄関のところに置いてあるんですよ。それが普通にこうして置いたんじゃ、自分がぬぎ捨てたとか思うでしょう。だから、ちゃんと組んであるの。組むことによってね、自分の存在を知らせようと。考えてますよね。

霊写真というのは、あれはやっぱり存在を示すためにああして写るんですか？　それとも偶然そこに霊が居るだけなのに、勝手に写っているということですか？

江原　意志を持って写る場合もあるようですが、偶然写るほうが多いんじゃないでしょうか。

佐藤　ああ、そうですか。それは、やっぱり霊媒体質の人が写したから。

江原　そうです。または写されるほうという場合もあります。

佐藤　じゃ、霊媒体質でない人の場合は何も写らないわけですね？

江原　そうですね。でも、だれしもある程度は霊能を持ってますから、そのときの心境の波長ですね。それと霊魂の波長が合った場合に写り込むというのがある。

心霊写真はとても不思議ですよね。どうしてカメラにだけ写るのかっていうのは、とても不思議ですけど、昔からありますからね。

酒・自殺……悪い霊はなぜ憑くか

佐藤　美輪明宏さんは、昔新宿にパリというクラブを持ってらしたんですけどね。そこでお客さんがいっぱいお酒を飲んでいますでしょ。

「みんな何も知らないで楽しくやっているけど、みんな後ろにいっぱいついているのよ」なんて言ってましたけどね。その「後ろにいっぱいついているのよ」というのは、頼っている霊なんですか？

江原　いいえ。頼っていると言いますか、未浄化霊の中で、特に酒に対して執着が取れない人たちというのが、やっぱりどうしても人の体をかりてお酒を飲もうとするんですよ。

本来行くべき幽界のほうへ行かずに、まだ酒を飲むことを考えているのです。

佐藤　それはじゃあ、全然その人と関係ないのに、お酒が媒体になっているわけですね。

江原　関係のない場合もありますし、関係のある場合もあります。ですから、自分の現世の生き方が先祖の浄化につながる場合もあるんです。生き方そのものが供養になる場合もあるんです。

ですから、自分自身がたまたま深酒をしたときなど、自分の父親だとかが大酒飲みであり、そういう場合には一緒になって飲んでやっている場合がありま す。

そういった方のわりと顕著な例は、一定量を過ぎた後に、大体目つきが変わって、その後のことは覚えてないというときが大体そうです。

佐藤　酒癖が悪い人って酒飲み霊のせいなんですか……。

江原　それは供養じゃないんですよ、それは絶たせなきゃいけないんですから。ですから、ほんとうはそれ以上飲む自分がいけないんです。そこで教えてあげなきゃいけないんです。ぐっとこらえて、要するに、自分の霊魂の存在を自覚して、もう忘れなさいということを言わなきゃいけないわけです。

佐藤　アルコール中毒なんていうのは、やっぱりそういうことですか？

江原　そうですね。酒場にはうじゃうじゃとそういう霊魂がいます。

佐藤　いるんですか。

江原　ええ。そういった人たちにひょっと憑依して飲ませて、けんかでもさせて犯罪を起こさせて、あとはさっと去るんです。ですから、自分が人を刺したのを覚えてないということも起きちゃう。

佐藤　でも、霊にそういう目に遭うというのは、やっぱり心がけが悪いんでしょうね。

江原　そうです。私はよく言うんですけども、ついた霊が悪いんじゃなくて、つかれた自分が悪いんだと。よくそういうふうに言うんですよ。

何かの意志を伝えたくてついたというのは別ですけれども、そうじゃなくて、酒飲みの霊がついたとか、それで人を刺したとかって、そういうのは全部自分が呼び込んでいますね。

あとは、自殺したいなんて、霊魂がついてそうなった場合に、やっぱり自分が心境を落としたがため、その波長に同じような悩みを持った霊魂がひょっと憑依して自殺してしまったりとか、そうなりやすいんですね。

ですから、まず自分自身でテンションを一定にするということ。

佐藤　それは具体的に言うと、どういうふうにすればいいんですか?

江原　やはり、死後の世界を自覚して、霊魂という存在も信じて、そして自分の生き方というものをしっかりと自覚して、日々浮き沈みなく強く生きていくことしかないんでしょうね。

やはり生きる目的を知るというのはとても大切なことだと思うんです。何のために生きているのか、何のために自分が生まれてきたのかということをよく知らなければ、この世のほんとうの幸せというのに到達できないんじゃないかと。

カントがそういうふうに言っていたように、そうだと思いますね。死後の世界がなければ、この世の善悪はやはりないと思います。カントはそのようにずっと言ってきましたですよね。

5章　霊が教える「自分が幸せになる生き方」

老いる幸せ

佐藤　このごろ老人……、突如として老人問題になるんだけども、老人の生き方というのが非常に問題になっているんですよね。いかに楽しい老後を過ごすかということがよく婦人雑誌なんかからコメントが来るけれども、昔の老人というのはいかに楽しくじゃなくて、いかに死に支度をするかということを、もうそろそろお迎えが来るころだからといって、死後を考えたんですよ。

ところが、今は死ぬということを向こうへ押しやって、心配するのはぼけの心配と、ころりと死にたい、苦しまずに死にたい、人に迷惑をかけないで、嫁や娘に迷惑かけないで死にたいということばっかり考えているけど、死後のことは考えなくなっていますわね。

だから、やっぱり六十歳の半ばを過ぎたら、それまでは死後のことは考えずに、その日その日の暮らしに追われてきた人も、その辺からそろそろ死ぬ用意をするのが年寄りの生き方じゃないかと、私は思うんですけどね。

だけども今は、年をとっても性欲はあるんだから、遠慮せずに恋愛せえとか、セックスせえとか、若者は老人の性欲に理解を持たなきゃいかんとか、とにかく楽しく過ごそうということばっかりになっている。どこか間違っているんじゃないですか？

江原　ええ。老人は、やっぱり死後の世界に近い人たち……、死後の世界の住人たちに近い要素があると思うんですよね。要するに、物欲、肉欲、食欲なんかからすべて離れていきますね。ですから、それだけきれいな状態になっていくんだと思うんですよね。

佐藤　そうそう。枯れるということですよね。

江原　ええ。それをわざわざ呼び戻すということ自体に、私は間違いがあるんではないかと思いますね。

佐藤　そう。私もそう思うんですけどね。今はいつまでも若々しくエネルギッシュでいるのが美しい老い方だと言う。

昔、長生きがめでたかったのは、やっぱり長生きするとだんだん欲望も枯れていくし、肉体も枯れ、心も情念が枯れていって、だから自然に、ジタバタせずに死の世界におもむく。それが理想だったから、だから長生きはめでたかったんじゃないかなと、そう思うんですけどね。

でも、今は最後まで欲望をかき立てるのがいいみたいなね。老人ホームで恋愛ざたがあったり、いろいろあることが、生き生きしていいみたいな。

江原　ですから、自分が死んで、そして向こうの世界で生きるべき道のために備えるということも大事です。

また、それだけでなくて、やはり、死後の世界があるということを知ったならば、やはりその生き方というのはどういう生き方なのであるかということを、やはりもっともっと考えていかなければいけないと思います。そうしますと、この世の価値観というのは大分変わってくると、私は思うんですけれども。

佐藤 そうですよね。

江原 やはり、最終的には、この世の中がどうなればいいかということを考えますと、物質主義的価値観からいかに遠のいていけるかということが大事です。物質的価値観のもとでは、自分というものが肉であるとするならば、自分以外は他であることになります。他であるということは、人のものを取ってでも自分のものを得ていきたいという考え方につながっていく。それを、やはり霊的価値観に移しかえるということが、ほんとうに世の中を幸せにする、また、自分自身を幸せにする道だというふうに、私は考えます。

そこまでたどりつかなければ、やはりこの世の中には争いは一切なくならないということだと思うんです。やっぱり物質主義的価値観があるから、世の中に争いがあるんだと思いますけれども。ですから、もっともっとほんとうの価値観と言うんでしょうか、それを探らなければ、ほんとうの幸せは得られない。

「いのち」はあやつっていいのか

佐藤　ちょっとまた問題は別なんですけど、こういうことはどうなんでしょうか。

今、臓器移植であるとか、それから男女の産み分けができるとかという科学の力でもって、昔は神の領域のことであったのに、人間がそれを行うようになっているということに対してどうお思いになりますか？　人間は傲慢になってきてるんじゃないでしょうか？

江原　ええ。つい最近ですか、テレビで人工授精や、代理母の問題とかをやっていましたけども、あれはまさに心霊的に考えましたらば危険な事だと思います。赤ちゃんが欲しいという気持ちはわかりますが、代理母までは賛成できません。

佐藤　そうですね。

江原　それも、やはり物質主義的価値観に陥ってしまっているんじゃないかと思うんですけども、やはりその一方で、親のない子もいるわけですよね。ですから、自分個人の持ちもの、または、自分ということだけに執着するからこそ、自分のおなかをかえてまでも自分の子が欲しいと。

でも、全人類が霊的家族であると思えば、どのようにしても子供が持てないのなら、親のない子供を引き取るべきであって、それもやはりめぐり合わせでしょう。

それも与えられた子供なのであるということを考える余裕のない、要するに、心の貧しさからきてしまうことだと思うんです。ですから、そういったことをまず自覚していかないといけないいんではないかと。

ただ、臓器移植等においても、私は、今後それがほんとうに可能であろうかというのは、とても疑問を感じます。ただ、霊界にそれを聞いたことがあるんです。この世の文明というのはどうなんだろうかと。

文明は悪いものではないと言うんですね。それも一つの努力であると。しかし、文明を進めていくうちに、人間は悟るであろうという言い方をするんです。進めるからこそ、そこで考えて悟るのだと。ですから、それが進まない限りわからないからやりなさい、進めなさいと、進んでいけばよいというような言い方をしてましたですね。

佐藤　私は生死というのは、神の領域と言いますか、人間の力ではどうすることもできないものであってほしいわけなんです。これは神の意志だと思うことによって、静かに死んでいけるんだと思うんですけどね。
それを今、寿命を人間の技術の力で引き延ばすということをやると、宇宙律みたいなものが……。例えば自然淘汰《とうた》で、人口がふえ過ぎると減るとか、疫病がはやるとか、戦争や自然災害で調節できてますでしょ。それがめちゃくちゃになってしまいますでしょ。

江原　そう思います。

佐藤　だけども、それは間違っているんだけれども、そういう間違いをあえてやることによって悟るから、進めばいいということですか？

江原　そうです。今まででしたらきっと考えなかったことだと思うんですね。でも、そこからやはり命とかそういったことを考えるようになるだろうというようなことを言うんですね。ですから、それはいいとは言っていません、全く。そういう臓器移植にしても。

佐藤　じゃ、やっぱり神の意志ではないわけですね。

江原　もちろんそれで大切な命が助かり、より人生を学べることはよいと思いますが、臓器をパーツ（部品）ととらえてほしくないのです。自己を見つめる心と、神への感謝が無くなります。

佐藤　そうだろうと思いますね。ちょっと人間が傲慢になってきている。何でも人間の力でできないことはないという、ますます無神論のほうへいくんじゃないかなという気がするんですけど。恐れないと。人間やっぱり恐れるものがないというのはいけないことじゃないんでしょうかね。

江原　ところで、代理母で出生した子供の守護霊とかはちゃんとつくんですか？

もちろんそれは平等につくと思います。

佐藤　つくんですか。

江原　はい。

佐藤　人工授精でも？

江原　ええ、それはむしろキリスト教にある言葉通りで、肉からは肉しか生まれず、魂からは魂しか生まれずという言葉そのものだと思います。やはり、魂からは魂しか生まれないと。それはつくと思います。

逆に言うと、親は子供を支配してはいけないわけですね。そうすると、世の中のことで、それに当てはまる方がいっぱいいらっしゃると思います。子供が持てない親の苦しみがわからないだろうというようなことをテレビで言ってましたけど、でもそれはやっぱりゆがんだ考え方だと思います。

佐藤　ええ、私もそう思いますね。

江原　もっと広い考え方を持つべきだと思いますけどね。

佐藤　ええ。幸せになる権利があるとかというふうに言いますけどもね、子供が与えられなければ、やっぱりそれを受け容れるべきだというのが私の考えなんです。受け容れて別の幸福を築けばいいんですから。

江原　子供が欲しくてもどうしても授かれない身体なら、やはり、代理母より親のない子供をいただくべきだと思います。

佐藤　そうそう。そう思いますね。

江原　そして、それも与えられたもので、ただおなかを痛めたかどうかの差。いずれにしても、肉からは肉しか生まれないわけで、魂から魂ですから、授かった経路は違ってもそれをわが子と思って、というよりも、それがわが子なんですよ。ですからそのように育てれば世の中もっとよくなるはずです。

佐藤　日本人より外国の人のほうが、そういう考えはあるんじゃありませんか。日本人は考え方が確実に狭いですね。

江原　ええ。昔、私なんかは知らない時代ですけれども、子供ができないから追い出されてしまったお嫁さんの話だとか、よくありますね。

それこそまた物質主義的価値観でありまして、やっぱりその辺、日本人は特に反省しなければいけない点があるんじゃないでしょうか。

霊的幸せを得るためには

江原　まず言いますと、その物質主義的価値観から離れるということですね。やはり、そうしますと今のような問題もなくなってくるし、むしろ政治的になるかもしれませんけども、戦争とかそういったこともすべてそうですよね。そういったものから離れていく。

だから、ほんとうの幸せは何かということを考えるということなんですけど、それを細かくというとちょっと難しいんですね。

それは理想への道だと私は思うんです。究極はそれを具体的に考えなきゃいけない。そのときは霊能者はある程度は要らないと思うんですけど。

佐藤　でも、今の時代を思うと、単なる理想論というふうに受け取られますね、多分。

江原　どうしても、理想主義者は現実主義者でないと取られますけど、私はあまりそうとは思わないんです。理想主義者は現実主義者でないという発想は違うと思うんですね。でなければ、人は何を求めて幸せになりたいというのか。いろいろ悩みますですね。

佐藤　幸せとは何かということが問題になってくるわけですよね。

江原　そうですね。

でも、物質で豊かになろうと思っても、絶対に欲は尽きないと思いますね。それを、今の世の中の人は大体勘づいてきているんじゃないかと思うんですけれども。

佐藤　勘づいてきているんでしょうかね。勘づきながら流されているんでしょうかね。

そういう意味でバブルの崩壊っていうのは、大変いいことですね。

江原　いいですね。

佐藤　ねえ。これが始まりで、少しずつ今まで間違った道にいっていたのが、少し是正されていくんじゃないかという気もしますけどね、人間が。

江原　でも、やっぱり懲りずに同じことになるでしょう……。

佐藤　なりますかね。

江原　そこをやはり変えていかなければいけないということですよね。

私は、ほんとにプアー・イズ・ビューティフルだと思うんですけどね。ほんとうを言うとそういう価値観から離れて、ほんとうの自由を得るべきだと思うんです。私はそう思いますですね。

単行本　一九九八年十一月　青春出版社刊

文春文庫

あの世《よ》の話《はなし》

定価はカバーに
表示してあります

2001年12月10日　第1刷
2006年2月25日　第17刷

著　者　佐藤愛子《さとうあいこ》　江原啓之《えはらひろゆき》

発行者　庄野音比古
発行所　株式会社 文藝春秋
東京都千代田区紀尾井町 3-23　〒102-8008
TEL 03・3265・1211
文藝春秋ホームページ　http://www.bunshun.co.jp
文春ウェブ文庫　http://www.bunshunplaza.com
落丁、乱丁本は、お手数ですが小社製作部宛お送り下さい。送料小社負担でお取替致します。
印刷・凸版印刷　製本・加藤製本
Printed in Japan
ISBN4-16-745005-4